JN059040

希望の源泉 池田思想 5

――『法華経の智慧』を読む

佐藤優

第三文明社

まえがき

二〇二二年は苦難の年だった。コロナウイルス（COVID-19）によるパンデミックが収まっていない。本来は人類が一丸となって感染症克服のために戦わなくてはならないのだが、分断が進んでいる。また二月二十四日にロシアがウクライナに侵攻した。ウクライナ戦争は第三次世界大戦に発展しかねない危険を孕《はら》んでいる。この戦争はもはやロシアとウクライナの二国間戦争という枠組みを超えて、実質的にはロシア対米国を中心とする西側連合の戦いになっている。日本ではゲーム感覚で限定核戦争の可能性について言及する有識者もいるが、あまりに無責任だ。この点、創価学会は核戦争を絶対に阻止するという価値観を基本にしている。

〈9月8日は「原水爆禁止宣言の日」です。1957（昭和32）年のこの日、横浜・

三ツ沢の競技場に5万人の青年が集って開催された「東日本体育大会」の席上、第二代会長戸田先生は、歴史的な「原水爆禁止宣言」を発表しました。戸田先生はまず「諸君らに今後、遺訓すべき第一のものを、本日は発表いたします」と述べ「今、世に騒がれている核実験、原水爆実験にたいする私の態度を、本日、はっきりと声明したい」「私の今日の声明を継いで、全世界にこの意味を浸透させてもらいたい」「核あるいは原子爆弾の実験禁止運動が、いま世界に起こっているが、私はその奥に隠されているところの爪をもぎ取りたいと思う」「われわれ世界の民衆は、生存の権利をもっております。その権利をおびやかすものは、これ魔ものであり、サタンであり、怪物であります」「(この)思想を全世界に広めることこそ、全日本青年男女の使命であると信じるものであります」と高らかに宣言しました〉(創価学会公式サイト)

戸田城聖《じょうせい》創価学会第二代会長が宣言し、池田大作創価学会第三代会長が継承、発展させた核廃絶という価値観を、二十一世紀の日本と世界で実現することが焦眉《しょうび》の課題となっている。そのために重要なのは、創価学会の精神の正史である『人間革命』『新・人間革命』、さらに法華経を現代の生きた現実の中で生かすための指針を示した『法華経の智慧《ちえ》』など池田氏の著作を、虚心坦懐《きょしんたんかい》に学ぶことだ。

さらに二〇二二年は宗教を信じる者にとって、とくに困難な年だった。これまで日本は宗教に対して寛容な国と見られていた。神道、仏教、キリスト教や新宗教の教団がたくさんあり並存している。また、宗教を信じていない、無神論であると主張する人が社会的に排除されることもない。しかし、七月に安倍晋三《しんぞう》元首相が銃撃され、死亡した事件後、社会における宗教に対する態度が根本的に変化してしまった。安倍氏を襲撃した容疑者が、世界平和統一家庭連合（旧統一教会）に対する恨みが事件の強い動機だったと供述したと報道されたことがきっかけになった。

旧統一教会問題で、悪質な寄付勧誘規制を柱とした被害者救済法が十二月八日に衆院本会議で可決、同十日に参院本会議で可決、成立した。宗教団体に限らず企業、労働組合、ＮＰＯ、学校などの法人もしくは団体が違法行為を行った場合は法的責任を、違法ではなくとも社会通念から著《いちじる》しく逸脱した行為を行った場合は社会的責任を負わなくてはならない。しかし、この法律ができる過程の国会審議と世論の動向を見ていると、嫌な感じがする。旧統一教会の具体的な違法行為や社会通念から著しく逸脱する行為に対する批判にとどまらず、宗教的価値観を基準にして生きている人々を蔑視《べっし》し、揶揄《やゆ》する雰囲気が強まっているように思えてならない。特に揶揄は宗教を信じる人々の心を深く傷つける。

私は日本基督《キリスト》教団（日本におけるプロテスタント教会の最大教派）に属するキリスト教徒だ。キリスト教はカトリックであれプロテスタントであれ正教であれ、生殖行為を経ずに生まれたイエスという男性が十字架に掛けられて死に、葬《ほうむ》られたが三日後に復活したと信じている。こういうことは自然科学的にありえない。被害者救済法にマインドコントロール規定が入らなかったことを批判する論者もいるが、こんな規定が入らずに私はほっとしている。ある意味、キリスト教徒は全員、処女降誕、死者の復活というマインドコントロール下にある人々だからだ。目には見えなくても確実に存在する事柄が、国家によって規制される危険が生じている。国家が宗教信条や思想など人間の内面に干渉することについて、国民がもっと敏感になる必要がある。

宗教を信じる人には二つの類型がある。第一類型は、病気治癒《ちゆ》、安産祈願、合格祈願、商売繁盛《はんじょう》など人間の欲求の充足を満たすために宗教を活用する人々だ。瞑想《めいそう》で心の安定という欲求を満たそうとする人々もこの類型に含まれる。第二類型は、宗教的価値観が生活と仕事のすべてを律すると考える人々だ。この人々から政治を宗教的実践の対象から切り離すことはできない。佛所護念会《ぶっしょごねんかい》教団、立正佼成会《りっしょうこうせいかい》、創価学会など政治に関与する教団はいずれも第二類型に属する。

私は宗教改革者のヤン・フスやジャン・カルヴァンの影響を強く受けている。同志社大学神学部と大学院で組織神学（キリスト教の理論）を研究し、スイスのカール・バルトやチェコのヨゼフ・ルクル・フロマートカなどの政治に深く関与した神学者から多くを学んだ経緯があるため、第二類型の宗教観を持っている。これまでも常にイエス・キリストに忠実に従って生きてきたつもりだ。大学院修了後、牧師やキリスト教主義学校の聖書科の教員にならずに外交官になったことも、二〇〇二年に鈴木宗男事件に連座して東京地検特捜部に逮捕されたときに検察の筋書きをのまずに筋を通したことも、作家になってから創価学会について真摯《しんし》に学び、その結果を発表していることも、ウクライナ戦争に関して論壇の主流派と異なる即時停戦論を展開していることも、その根底には私のキリスト教信仰がある。

私にとって現下日本の論壇はとても息苦しい環境だが、信念に従って言論活動を続けようと思っている。その際に筆者が常に思い浮かべているのが、「桜梅桃李《おうばいとうり》」の譬《たと》えだ。

〈「桜梅桃李の己々《ここ》の当体を改めずして」（新版一〇九〇ページ・全集七八四ページ）と御書にあるように、桜は桜、梅は梅のまま、今の自分のまま、自分のなかのよい部分を最大限に引き出すことができると説くわけですが、人間革命もそれと同じなのだなと感じます。

そう考えると、人間革命というのは特別で劇的な変化というより、創価学会のなかに身を置いて地道に活動をし、日々勤行《ごんぎょう》・唱題《しょうだい》を重ねていくうちに、薄紙を剝《は》ぐように少しずつなされていくものであるような気がします。もちろん、ある大きなきっかけで劇的に変わる人もいるのでしょうが……。

また、人間革命をしていくためには、創価学会の組織が死活的に大切なのだと感じます〉（本書九九ページ）

時代や社会を上から目線で批判することや、諦《あきら》めて戦いを放棄してしまうことは、宗教を信じる者がとる態度ではない。一人の人間として、作家として、自らが置かれた状況で地道に「戦う言論」を展開していくことが重要と思う。創価学会員の日々の戦いから、異なる宗教を信じているにもかかわらず、私は多くを学んでいる。

二〇二三年一月二日、曙橋（東京都新宿区）の自宅にて

佐藤優

目次

希望の源泉・池田思想

――『法華経の智慧』を読む 5

一、本書は、月刊誌『第三文明』に連載された「希望の源泉――池田思想を読み解く」（第四十九回・二〇二〇年八月号〜第六十回・二〇二一年七月号）を加筆・修正し収録したものです。

一、本書では『法華経の智慧――二十一世紀の宗教を語る』（池田大作、聖教新聞社）中巻の「如来寿量品」（第十六章）を取り上げています。

一、『法華経の智慧』からの引用は「普及版」（上中下の全三巻）に基づき、（〇巻〇〇ページ）と表記しました。

一、御書の引用は、『日蓮大聖人御書全集　新版』（創価学会）に基づきました。ただし、引用文中の御書の御文は原典通りに記載しました。

一、御書の引用に際して、『日蓮大聖人御書全集』（創価学会版、第二七八刷）のページ数と『日蓮大聖人御書全集　新版』のページ数を併記し、（新版〇〇ページ・全集〇〇ページ）と表記しました。

一、肩書、日時等は、連載時点のままにしました。

一、引用文中の編集部による注は（＝　　）内に示しました。

装幀・本文デザイン　株式会社藤原デザイン事務所
帯写真　　　　　　柴田篤
聞き手　『第三文明』編集部

1

「無我」と「空」の概念を捉え直す

創価学会にある本質的平等性

――池田大作SGI（創価学会インタナショナル）会長の『法華経の智慧《ちえ》』をめぐる語らい、「如来寿量品《にょらいじゅりょうほん》」の章の考察です。前巻に続き、この章で論じられる「十界論《じっかいろん》」を読み解いていただければと思います。

前巻で、新型コロナ禍《か》に関連する緊急経済対策として決定した一律十万円の「特別定額給付金」（二〇二〇年）について、佐藤さんが「（決定に大きな役割を果たした）公明党は価値観をめぐる戦いに勝利した」と評されたことに、「よく言ってくれた」と大きな反響がありました。

佐藤　お世辞で言ったわけではありません。私が心からそう感じていることが読者の皆さんにも伝わったのでしょう。この一律給付に限らず、公明党は「社会に分断をつくらない」ことに配慮する決定をしばしば行ってきました。そのことと、「すべての衆生《しゅじょう》の生命には尊極《そんごく》なる仏界《ぶっかい》がある」と捉《とら》える創価学会の価値観は表裏一体だと思います。創価学会の世界には仏法思想に基づく本質的平等性があり、それが公明党の政策の土台にもなっているのだと感じます。

たとえば、私は講演のために各地の創価学会の会館を訪問してきましたが、そのあり方にも平等性を感じます。壇上に座る幹部だけが上等な椅子に座ったりすることがなく、全員が同じ質素なパイプ椅子を使っている。幹部と一般会員の間に分断がないのです。

また、私はやはり講演のために北海道の厚田墓苑《あつたぼえん》（石狩《いしかり》市厚田区にある「創価学会戸田記念墓地公園」）を訪問したことがありますが、そのときには皆が同じ墓石を用いている点に平等性を感じました。「裕福な会員や大幹部だけは大きくて豪華な墓石を用いている」などという形の分断が皆無《かいむ》なのです。

そのように、創価学会の宗教的価値観が会合にも表れ、墓苑にも表れる。そして今回は、公明党を通じて政治にも反映されたわけです。

差異よりも共通項に目を向ける姿勢

――それでは、十界のなかの「天界」についての議論から始めていきます。天界の「天」が意味するものについて、池田会長は次のように述べています。

「『天（神）』とは、文字通り、大宇宙の力のことではないだろうか。人類は、天空を仰ぎ、その壮大さに、いつも心を引きつけられてきた。そして、天の力を、自分の味方にしようとして祈ったし、時には破壊をもたらす大自然の力を恐れて、危害を避けたいと祈った。

人間は自然の偉大な力を畏《おそ》れ、その力に額《ぬか》ずいた。自分の努力だけではどうにもならない運命を感じ、よりよき運命を〝神々〟に祈った。その『祈り』から宗教が生まれた。宗教から祈りが生まれたのではなく、祈りから宗教が生まれたのです」（中巻三七六ページ）

この箇所について、佐藤さんはどのようにお感じでしょうか？

佐藤　池田会長らしい、人間主義の宗教観だと感じます。そして、キリスト教の捉え方とも矛盾《むじゅん》するものではありません。キリスト教は「啓示《けいじ》宗教」（神からの啓示によって信仰が成立する宗教）だから「はじめに神の言葉と行いありき」で、「人間の祈りから宗教が生まれた」という捉え方とは相いれないと思う人もいるかもしれません。

また、神学者のなかにはそう考える人もいるでしょう。しかし、私はそう思いません。深く苦しみ、救世主を待望する人々の祈りに応える形でイエスが地上に出現したという捉え方も、キリスト教のなかにはあります。その意味で、創価学会の人間主義の宗教観と、キリスト教の神中心の宗教観は、必ずしも対立するものではないのです。ただ、「人間」をどう捉えるか、「神」をどう捉えるかというのは文化的な文脈によって異なりますから、そこのところには注意が必要です。極端な話、ナチスの思想もある意味では特異な「人間主義」と言えます。ただし、ナチスにおいては身体障害者やユダヤ人、ロマ（移動型民族）などは「人間」と見なされていませんでした。また、共産主義者たちも「われわれはヒューマニストである」ということをしばしば強調しますが、彼らのヒューマニズムと創価学会の人間主義には、重ならない部分が多いです。

つまり、一口に「人間主義」といっても多様であり、「どのような人間主義であるのか」が問われないといけない。そのうえで、わかりあえる共通項を探していく姿勢が大切なのだと思います。

創価学会とキリスト教の違いを数え上げればきりがないでしょうが、差異にばかり目を向けていては対話も共闘も成り立ちません。だからこそ私は、自分が信ずるプロテスタントと創価学会の共通項にこそ目を向けるように心がけています。池田会長も、そのような姿勢で宗教間対話、文明間対話に臨んでこられた方だと思います。
また、私が尊敬するヨゼフ・ルクル・フロマートカ（チェコのプロテスタント神学者）も、そのような姿勢を保ち続けた人でした。彼は一九五〇〜六〇年代に、「人間とは何か？」というテーマを掲げて、チェコのマルクス主義者たち――すなわち無神論者たちと真摯《しんし》な対話を重ねました。その結果どういうことが起きたかといえば、マルクス主義の陣営のほうに変容が起きて、チェコに「人間の顔をした社会主義」という新たな潮流が生まれたのです。

――一九六八年に起きたチェコスロバキアの民主化運動「プラハの春」に際して、共産党第一書記ドゥプチェクが掲げたのが「人間の顔をした社会主義」でしたね。

佐藤　そうです。フロマートカが地道に重ねたマルクス主義者たちとの対話が、そこに決定的影響を与えたのです。もしもフロマートカが「マルクス主義は無神論だから所詮《しょせん》私とは相いれない」と対話をあきらめてしまっていたら、「プラハの春」も起きなかったのです。

私は、フロマートカの思想は池田会長の人間主義と相通ずる部分が多いと考えています。共通項は、他者との差異よりも共通点に目を向ける姿勢、対話を重視する姿勢、「人は変われる」と考えて固定化した捉え方をしない姿勢などです。

テレビ演説をするドゥプチェク・チェコスロバキア共産党第一書記(チェコ・プラハ、1968年)(CTK/時事通信フォト)

――宗教間対話や、異なるイデオロギーを持つ相手との対話においては、そのような姿勢が大切なのですね。

佐藤　はい。池田会長の対談集、特に異なる宗教を持つ識者との対談集には、そうした姿勢が貫かれています。その点に注意して読んでみると、お手本になるはずです。相手の考え方が少しずつ変容して、池田会長への共鳴が深まっていく様子も見て取れると思います。

もっとも、池田会長と対談集を編むような一流の人物は皆、「発話主体の誠実性」（ドイツの社会哲学者ハーバーマスの著作に出てくる言葉）を持っているからこそ、そのような実りある対話が成り立つという面もあります。その誠実性がなく、自説に凝《こ》り固まっている相手なら、対話はずっと平行線でしょう。

「語り得ないもの」を語ろうとする挑戦

――今の「相手が変わる可能性を信じて誠実に対話を重ねる」というお話と通じることが、この章でも語られています。仏教の重要キーワードである「無我《むが》」について論じた部分です。

「自分といっても、仮に、こういう姿をとっているにすぎない。だれも変化を免《まぬか》れない。（中略）『自分とは何か』――そう考えても、十年前の自分と今の自分は違う。変わらぬ自分というものはないのです。

ゆえに、自分への執着（我執《がしゅう》）を離れよ、と説いたのが仏教です。（中略）『無我』とは、自我がないという意味ではない。永遠に変わらない固定的な自分というものはないという意味です。変化、変化です。それが、自己を『空《くう》』として見ることになる」（中巻三七九ページ）

佐藤　一般に「無我」とか「空」というと、単なる「虚無《きょむ》」に近いものとして捉えてしまっている人が多いと思います。ある種の仏教的諦観《ていかん》といいますか。

ところが、池田会長はここで、無我や空の概念を非常にポジティブに捉え直しています。「永遠に変わらない固定的な自分」など、どこにもない――それが無我・空ということであり、だからこそ誰もが変われるのだ、と。つまり、池田会長にとっての無我・空は、諦観どころか、ポジティブの極みのような人間革命の思想に直結するものなのです。

無我・空の思想に、法華経で説かれた十界互具《ごぐ》の思想が重なることによって、「この信仰に触れることによって、誰もが抜本的に変われる」という人間革命の思想の仏教的土台ができたのでしょう。生命のなかでは十界という十種類の境涯《きょうがい》が常に入れ替わっている――そのような〝生成される生命観〟に立つからこそ、人間革命を確信できるのです。

宗教やイデオロギーの異なる識者・指導者と対話する際にも、池田会長の心には「この人も必ず変われる。自分と深く共鳴できるようになる」という強い確信があるのだと思います。「マルクス主義者だから」「イスラム教徒だから」などという理由で、相手と自分が相いれないと決めつけることは絶対になさらないはずです。

今のところを読んで私が思い出したのは、エバーハルト・ユンゲルというドイツの神学者が『神の存在』という著作のなかで言った、「神の存在は生成のなかにある」という有名な言葉です。ユンゲルは、神という存在も固定的・静的なものではなく、常に生成されて変わっていく動的なものだと述べています。

また、彼はその生成の一つの表れとして、神が語る真理の言葉が常にパラフレーズ

（言い換え）されていくことを例に挙げています。『法華経の智慧』をずっと読んでいると感じることですが、池田会長も、「人間主義」「人間革命」「広宣流布《こうせんるふ》」などの重要キーワードを、何度も何度もパラフレーズして論じています。世界中のSGIメンバーにしっかりと理解してほしい事柄について、角度を変え、言い方を変えて繰り返し語ることによって、理解させよう、心に定着させようとしているのでしょう。

いきいきと変化し続ける、生成される生命・神ということ、そしてその反映としてのパラフレーズの多用……そこにもキリスト教と創価学会の本質的共通項があるのだと思います。

――なぜパラフレーズが多用されるかといえば、神や生命という、本来は語り得ないものを語ろうとしているからではないでしょうか。

佐藤 そうです。語り得ないものを語ろうと挑戦しているからこそ、繰り返しパラフレーズしていくのです。

池田会長の『人間革命』第四巻にも描かれていますが、戸田城聖《じょうせい》第二代会長は法華経の「無量義経《むりょうぎきょう》」に出てくる「三十四の非《ひ》」――「其《そ》の身は○○に非《あら》ず」という否定が三十四回繰り返される部分――について、何を言わんとしているのかを獄中《ごくちゅう》で考え抜きます。その末に「其の身とは生命のことだ」と閃《ひらめ》き、それが「仏とは生命なり」という「獄中の悟達《ごだつ》」となるのです。あの「三十四の非」も、生命という語り得ないものを語ろうとしたからこそ、「それは有《う》でもなければ無でもない」「青でも黄色でも赤白でもない」などという謎めいた否定を三十四回繰り返すパラフレーズによって語るしかなかったわけです。

――なるほど。

佐藤　さらに言うなら、『法華経の智慧』という大著それ自体が、池田思想という「語り得ないもの」を何とか語ろうとした書物なのです。だからこそパラフレーズが多用される。また、『法華経の智慧』は単なる論考集ではなく、国内外の創価学会員

／ＳＧＩメンバーの信仰体験を随所《ずいしょ》に収録した書でもあります。それらの体験も、ある意味でパラフレーズとして機能しているのだと思います。

――と、おっしゃいますと？

佐藤 信仰の真理は論だけで語り得ないし、「法則化」ができない。論じるだけでは、そこからこぼれ落ちるものがたくさんあるのです。だからこそ、池田会長はさまざまな信仰体験を通して、アナロジカル（類推《るいすい》的）に真理を語っているのだと思います。難解な真理をできるだけ平易に語ろうとする努力を、私はそこに見ます。

たとえば、病《やまい》に打ち勝つための真理を、仏教用語だけ用いて論じたとしたら難解になってしまいます。だから、学会員の皆さんがいろんな病気を信心で乗り越えた体験を通して語る。一つの真理を、さまざまな信仰体験にパラフレーズしていくのです。

真の「二乗」は「空だから向上しよう」とする

――この章では天界とともに、二乗界（声聞界《しょうもんかい》・縁覚界《えんがくかい》）についても論じられていました。二乗は天界までの「六道輪廻《ろくどうりんね》」から一歩抜け出て菩薩界《ぼさつかい》の手前まで行く境涯ですが、爾前経《にぜんきょう》（法華経以前の経典）においては「永久に成仏《じょうぶつ》できない」とされていました。自己の利益にのみ執着して、慈悲や利他《りた》の精神に欠けがちな生命傾向ゆえです。

佐藤　法華経に至って初めて、二乗も成仏できることが明かされたわけです。この章で私が強い印象を受けたのは、次のように、「空」の概念を踏《ふ》まえて二乗観が刷新《さっしん》されている点です。

「自分のことだけではない。他人をも固定的に見てしまう『くせ』が人間にはある。相手はどんどん成長しているのに、いつまでも過去のその人の姿にとらわれるということもある。そういう固定化を打破したのが二乗の――すなわち仏法の『空』の智慧です。

この世に無常でないものは何ひとつないと見て、だからこそ前へ前へ、永遠に前進し、向上していくのが、真の二乗です」（中巻三八〇〜三八一ページ）

二乗というと、なまじの知恵を鼻にかけて増上慢《ぞうじょうまん》に陥《おちい》ったり、自説に執着して考えが凝り固まっていたり、自分のことしか考えていない利己的な人間だったりというマイナスイメージが強かったと思います。そうした傾向を、創価学会ではよく「二乗根性」と呼んで戒《いまし》めてきたと聞きます。ところが、この章ではそうした従来のイメージが、〝そんなものは真の二乗ではない〟と一刀両断されています。「**二乗が、自《みずか》らの到達した境地を絶対化し、安住してしまえば、もはや二乗とは言えない**」（中巻三八一ページ）と。

「**財産にしても、地位にしても、名声にしてもそうだ。これほどはかないものはない。それこそバブル（泡）のようなものです。しかし、それにとらわれ、いつまでもそれらが自分のものであり、永遠に続くかのように錯覚して生きているのが、六道の衆生です。**

**要するに、一切諸法《しょほう》を六道は『有《う》』と見る。二乗は『空』と見る（空諦《くうたい》）」（中巻三八〇ページ）

「空」の概念を理解して、固定的で変わらないものなど何もないと悟《さと》るからこそ、二乗は六道のような執着をせず、自らを変化のなかに置き、どんどん向上していこうとする――それこそ本物の二乗だと言うのです。一般に、私が身を置く言論界に生きる人々は二乗の境涯にあると考えられがちですが、池田会長の解説に当てはめると、「真の二乗」はごく少ないようですね。財産や地位、名声に執着する人が多いですから（笑）。

ともあれ、これは「空」についての目からウロコが落ちるような明快な解説だと思いました。もちろん、これだけで「空」のすべてが説明できるわけではないでしょうが……。

――確かに、「空」についての解説というと、読者を煙《けむ》に巻くようなわかりにくいものも多くありますね。たとえば、戸田第二代会長が禅の大家として知られる鈴木大拙《だいせつ》

（仏教学者）の講演を聞きに行ったところ、「『空』とは何か？」という話になって、鈴木はそこにあった紙をクシャクシャに丸めてポイと捨て、「これが『空』だ」と言ったそうです。戸田会長は「そんな馬鹿《ばか》な話があるか」と怒ったという記録が残っています。

佐藤　既成の仏教学者が空を論じると、しばしばそのように民衆から遊離《ゆうり》した観念の遊戯《ゆうぎ》に陥りがちです。キリスト教神学にもそういう傾向はあって、中世の神学者たちが「針の上で天使は何人踊れるか」というテーマを大真面目《まじめ》に議論していたという伝説があります。しかし、そんな議論は人々の救済にまったく関係ないわけで、無意味な知的遊戯でしかなかったのです。一方、池田会長は難解な観念の遊戯には決して陥らず、あくまで民衆に理解できる平易な形で、しかも実際に生きる指針となるような形で「空」を語っておられる。すごいことだと思います。

――関連して挙げておきたいのですが、池田会長の『新・人間革命』のなかに、代表的哲学を天台思想の「空・仮《け》・中《ちゅう》」の三諦《さんたい》に当てはめて論じるくだりがあります。

「唯心思想は空諦の一部分を説いたものといえますし、唯物主義は仮諦の一部分を説いたにすぎません。実存主義もまた、中諦の一部分の哲理にすぎない。しかも、その三諦は別々であり、あくまでも爾前経の域を出ません。

ゆえに、生命の本質的解明なきその哲学、思想は、全世界の民衆を納得させ、救済していくものとはなりえないのであります。この唯心、唯物、実存の各思想・哲学を包含《ほうがん》し、また、それらを指導しきっていく中道の哲学、中道思想こそ、日蓮大聖人の仏法であると、私は声を大にして訴えたいのであります」(『新・人間革命』第十一巻「常勝」の章)

佐藤　つまり、池田会長はマルクス主義や実存主義などの既存の哲学を全否定するのではなく、部分的には評価しているわけですね。そのうえで、日蓮仏法はそれらの部分観を包含した総合的な生命哲学であるとしている。大変に説得力があります。

実は私も、週刊誌『アエラ』(朝日新聞出版)の連載「池田大作研究――世界宗教への道を追う」（のちに書籍化）で、池田会長のマルクス主義観をかなり掘り下げて論じました。その執筆過程であらためて感じたことですが、池田思想は決して単純な「反共」などではなく、マルクス主義のよい部分はきちんと包含して生かそうとしています。その点にも、池田思想の持つスケールの大きさが示されていると思います。

2

池田思想に見る菩薩観の革新

公式テキストから創価学会を論ずる

佐藤　『法華経の智慧《ちえ》』の読み解きに入る前に、まず、『アエラ』での私の連載「池田大作研究」について、一言述べておきます。連載もすでに佳境に入っていますが、創価学会員以外からの反響もかなりあるようです。

私があの連載を、創価学会側の公式テキスト——学会側から刊行された書籍や池田会長の著作、創価学会公式サイトの情報など——のみを素材として書いていることについて、疑問を投げかける声もあるようです。つまり、「学会側の情報のみに頼ると、そこには情報の隠蔽《いんぺい》や歪曲《わいきょく》があるに違いないから、実像と異なる偏《かたよ》った内容になるのではないか」という危惧《きぐ》です。「情報は自分の足で取材して得るべきものであり、隠された真実を暴いてこそジャーナリズムだ」という旧来的なジャーナリズム観からすれば、そうした危惧を抱く人がいるのもわかります。

しかし私は、二〇一四年に出版した『創価学会と平和主義』（朝日新書）のときから、創価学会については公式テキストのみを素材として書く姿勢を貫いています。それはなぜかといえば、創価学会ほどの巨大教団ともなると、公式情報で嘘《うそ》をつくことはそもそも不可能だからです。あらゆる面で日本中から注目を浴び、四六時中厳しい監視の目にさらされているのが創価学会なのですから、公式情報において意図的な隠蔽や歪曲がなされたなら、たちまち槍玉《やりだま》に挙げられてしまうからです。

だからこそ、創価学会については、公式情報こそが最も信用できるし、実は公平な情報源なのです。逆に、創価学会を脱会した人間が恨みや憎しみの気持ちから語る〝裏情報〟のたぐいこそ、あからさまに偏っているし、信憑性《しんぴょうせい》に欠けます。だから、私はその手の脱会者や退転者の情報をソースにして学会や池田会長を論じたことは一度もありません。

創価学会と池田会長について論じるうえで決定的に重要なテキストは、『池田大作全集』全百五十巻と、『新・人間革命』全三十巻（三十一冊）だと思います。池田会長を非難する言論人で、それらをすべて読み込んだうえで批判している人はおそらく皆《かい》無《む》でしょう。しかし私はすべて読み込みましたし、だからこそ自信を持って「池田会長を心から尊敬しています」と言えるし、創価学会／ＳＧＩの世界宗教性についても断言できるのです。

創価学会について論じようと思うなら、まずは公式テキストを虚心坦懐《きょしんたんかい》に読み込むべきです。その作業から見えてくる真実の姿があるはずです。全集百五十巻、『新・人間革命』全三十巻の内容には、ブレというものが微塵《みじん》もありません。池田思想の人間主義という太い流れで全体がきちんと貫かれ、確固たる整合性があるのです。

私にとってはその整合性こそが、創価学会と池田会長の正しさ、誠実性の一つの証《しょう》左《さ》です。一冊の本を、嘘や情報の隠蔽・歪曲をちりばめて、それなりの整合性がある形にまとめることは可能でしょう。しかし、全三十巻に及ぶ大作、全百五十巻に及ぶ全集を、そうしたやり方で作り上げることは不可能です。嘘や隠蔽・歪曲があれば、そこが綻《ほころ》びとなって矛盾《むじゅん》が生まれ、全体の整合性が損なわれるものなのです。池田会長が大量のテキストを、矛盾なく整合性のある形で生み出せたということは、その基盤となる思想がまったくブレていないからこそなのです。

創価学会の情報に対する誠実な姿勢を示す例として、一つには『人間革命』の第二版を刊行した際の「序文」が挙げられます。そこには、随所《ずいしょ》に改訂を施《ほどこ》した第二版がなぜ必要であったのか、その意図が明確に説明されているのです。そんな説明をわざわざせずに、こっそり中身を改訂することも、やろうと思えばできたわけです。しかし、創価学会はそうしなかった。それは誠実さの表れだと思います。

そして、そのように整合性ある池田思想が全百五十巻、全三十巻というスケールで展開されていること自体がすごいことで、池田会長の著作はある意味ですでに「CLASSICS（古典）」なのです。

——逆に言うと、池田会長の人間主義のテキストが全百五十巻、全三十巻にわたって展開できるということは、その思想にそれだけの深みがあるからこそですね。

佐藤　そのとおりだと思います。

生活に密着した創価学会の菩薩観

——それでは、『法華経の智慧』の内容に入ります。ここからいよいよ「菩薩界《ぼさつかい》」についてて取り上げられている部分に入ります。菩薩界の最大の特徴は、利他《りた》の心と行動です。わがことのように他人を思いやり、他人のために尽くす境涯《きょうがい》が菩薩界なのです。もともとは、釈尊《しゃくそん》の「本生譚《ほんしょうたん》」（釈尊の前世の物語）に自己犠牲の実践の姿が多く説かれていたことから、「菩薩」という言葉が生まれました。そこから、大乗仏教が成仏《じょうぶつ》のための修行として、菩薩行を強調するようになったという経緯があります。

佐藤　前回、仏教で説かれる「空《くう》」の概念の解説は、難解で読者を煙《けむ》に巻く内容になりがちだという話をしました。それに対して、創価学会、なかんずく池田会長の「空」の捉《とら》え方は、具体的でわかりやすく、現実生活に即した内容になっている。そのことに私は驚かされたのです。

菩薩界の解説についても同様です。一般に菩薩界というと、超人的というか、一般人にはとても真似《まね》できない自己犠牲の行動を通して語られることが多いですね。象徴的なのは釈尊の本生譚です。釈尊が前世で飢えた虎とその七匹の子の命を救うため、わが身を投げ与えた（「捨身飼虎《しゃしんしこ》」の説話）……などという自己犠牲の話がたくさんあります。

「前世でそれほどの菩薩行を重ねたから釈尊になったのだ」というのは、お話としてはわかりやすいですが、一般人には自分の命を捨てて飢えた野生動物を救うことなどできません。そこまでの自己犠牲が菩薩行の条件であるなら、成仏できる人はごく限られた人しかいないことになってしまいます。

それに対して、創価学会における菩薩観は、もっと現実的で生活に密着しています。たとえば、ごく普通の家庭において家族が互いを思いやること――それ自体がもう菩薩界の境涯なのだという捉え方をする。牧口常三郎初代会長の時代から一貫してそうですね。

たとえば、戸田第二代会長版の『小説　人間革命』にも、酒乱で家庭内暴力を繰り返していた男が、信心をして家族思いの優しい父親に変わっていく様子が描かれていました。それはまさに、修羅界《しゅらかい》から菩薩界へと境涯が変わったわけです。普通の生活のなかにも菩薩界が顕現するという捉え方が、そこに示されています。創価学会の菩薩観は超人的でも非現実的でもないのです。

そのことを、池田会長はこの章で次のように表現しています。

「菩薩界といっても、特別なことではない。
大聖人は『無顧《むこ》の悪人も猶妻子《なおさいし》を慈愛《じあい》す菩薩界の一分《いちぶん》なり』（新版一二七ページ・全集二四一ページ）**と仰《おお》せだ。**
〈「他人をまったく顧《かえり》みることのない悪人でも、妻子を慈愛する。これは人界《にんかい》に具《そな》わ

る菩薩界の一分である」〉

家族愛であり、子を思う親の愛です。それを自分たちだけのエゴではなくて、もっと大きく広げたところに菩薩界の社会がある」（中巻四〇三ページ）

つまり、飢えた虎にわが身を与えるような現実離れした自己犠牲だけが菩薩界なのではなく、家族を思いやるような当たり前の人間らしさを社会に向けていくところに菩薩界があるというのです。

利他行は自己犠牲ではなく「自他不二」

――そのことをわかりやすく言い換えたのが、創価学会が掲げる「自他共の幸福」の理念ですね。

佐藤　はい。たとえば創価学会公式サイトの「創価学会とは」のページを見ると、

「創価学会の理念」として、「人間革命」と並んで「自他共の幸福」も挙げられています。それほど、学会における根本的理念の一つなのですね。池田思想を考えるうえでも、「自他共の幸福」は重要キーワードの一つと言えます。

池田会長は関西創価学園の第一回入学式で、「『他人の不幸のうえに自分の幸福を築くことはしない』という信条を培《つちか》っていただきたい」と生徒たちに呼びかけました。これはトルストイの言葉を踏《ふ》まえたものであるようですが、「自他共の幸福」のパラフレーズ（言い換え）とも言えますし、創価学会の菩薩観をよく示しています。

『法華経の智慧』のこの章でも、池田会長は次のように「自他共の幸福」について語っています。

「人の面倒をみた分だけ――つまり、人の『生きる力』を引き出した分だけ、自分の『生きる力』も増していく。人の生命を拡大してあげた分だけ、自分の生命も拡大する。これが菩薩道の妙《みょう》です。『利他』と『自利』の一致です。

利他だけを言うと、傲慢《ごうまん》になる。人を救ってあげているという偽善になる。自分のためにもなっていることを自覚して初めて、『修行させてもらっている』という謙虚

さが出る。自他不二《ふに》です。ゆえに菩薩道しかないのです」（中巻四〇九～四一〇ページ）
これは日蓮大聖人の「人に物をほどこ《施》せば、我が身のたすけ《助》となる。譬《たと》えば、人のために火をとも《点》せば、我がまえ《前》あきら《明》かなるがごとし」（新版二一五六ページ・全集一五九八ページ）という名高い言葉を踏まえたものだと思いますが、ここにも創価学会の菩薩観がよく表れています。

一般に利他行・菩薩行というと、自己犠牲の行動と捉えられがちです。つまり、自分自身の幸福など度外視して他者に尽くしてこそ利他行なのだと……。しかし、池田会長はそのような解釈を取らないのです。むしろ、他者に尽くすことによって自《みずか》らも幸福になることを目指すのだと説く。大乗仏教で説かれる「自他不二」――つまり、自分と他人は根源的には存在として区別できないとする捉え方を踏まえた捉え方です。

――「自他不二」は、御書の「御義口伝《おんぎくでん》」などにも出てくるキーワードです。ここでは自他不二について、「鏡に向かって礼拝《らいはい》をなす時、浮かべる影また我を礼拝するなり」（新版一〇七一ページ・全集七六九ページ）という譬えで説明がなされています。

佐藤　わかります。仏法の眼から見れば、主体・客体の区別は限りなくあいまいになっていくのですね。

池田会長が、「利他だけを言うと、傲慢になる。人を救ってあげているという偽善になる」と指摘されているのは鋭いと思います。「私は自分のことなど一切考えず、他者に尽くしている」と主張する人はいるでしょうが、その根底にはナルシスティックな自己陶酔《とうすい》があり、傲慢さと偽善性があるというのです。

そもそも、「自分の幸福を度外視して他者に尽くせ」というのは無理難題ですから、長続きしないでしょう。持続性がないから、社会を変えるような力にもならないと思います。それに対して、「自他共の幸福」を目指す創価学会の志向性は、よりよき社会を築きゆく力になると思うのです。

また、「自他共の幸福」という言葉から私が連想したのは、聖書にある「隣人を自分のように愛しなさい」（聖書協会共同訳）という言葉です。キリスト教で説かれる隣人愛は自己犠牲の博愛として捉えられがちですが、実はそうではないことがこの言葉からわかります。なぜなら、自己愛こそ隣人愛の土台であることが示されているからです。ここでは自己愛や自分の幸福の追求が否定されていません。自分を愛する心があるからこそ、他人を愛することもできると、キリスト教では考えるのです。その意味で、これは創価学会でいう「自他共の幸福」に近い。「利他だけを言うと、傲慢になる」という池田会長の言葉は、キリスト教徒の私にとってもすんなり腑《ふ》に落ちます。それはキリスト教と創価学会の共通性というより、世界宗教の持つ共通性だと思います。世界宗教になるような宗教は、人間の本性に反した教えは説いていないものなのです。人の心の道理にかなった教えであるからこそ、多くの人が得心《とくしん》して世界に広まっていくのですから。

前回と今回の内容からあらためて感じるのは、池田会長が常に〝民衆の目線〟から教えを説いているということです。民衆が理解できないような論じ方はできる限り避けているし、民衆が生活の糧《かて》とし、人生の指針にできるような形で、仏法の難解な教理を噛《か》み砕いて語っている。そのことが端的《たんてき》に示されているのが、今回学ぶ章が読者の反響の紹介から始まっていることです（中巻三九七ページ）。〝法華経を論じるに当たって、私たちは決して読者を置き去りにした議論はしない。読者が理解できることを最優先にしている〟という姿勢が、そのことに示されているのです。「民衆から遊《ゆう》離《り》しない知のありよう」――それが池田思想の大きな特徴の一つだと思います。

問われるのは「真の利他行動か否か」

佐藤　この章で池田会長が言われる「『利他』と『自利』の一致」は、大乗仏教で説かれる「自利利他」のことですね。自分を利する「自利」と他人のために尽くす「利他」が、完全に調和して一体になっている状態を言います。

「自利利他」という仏教用語を持ち出すまでもなく、他人のために尽くすと自分自身が幸福感や充実感を感じるということは、多くの人が素朴な実感として感じていると思います。ボランティア活動に熱心に取り組んでいる人が世のなかにはたくさんいるわけですが、なぜ熱心にやるかといえば、一つにはそのことによって充実感・幸福感が得られるからですね。決して単なる自己犠牲のためだけにやっているわけではなく、「やっていて楽しいからこそ利他行動をする」という側面が、人間にはある。『法華経の智慧』のこの章でも、「**学会活動でも、人を激励したら、自分も元気になりますからね**」とか、「**心理学的にも、『思いやりが、自分の心を癒《いや》す』ことが強調されています**」という言葉で、そのことが語られています（中巻四〇九ページ）。

ただ、そこで気をつけなければならないことは、ボランティア精神で行う行動のなかには、相手にとって百害あって一利なしという場合もあることです。

たとえば、現今の新型コロナウイルス禍《か》のなかで、「自粛警察《じしゅく》」と呼ばれる行動がクローズアップされてきました。マスクをせずに外出している人を見つけては「マスクしろ！」と怒鳴《どな》りつけたり、県外ナンバーの自動車を見つけて車体を傷つけたり、営業している飲食店に脅迫まがいの電話をかけたり……といった過剰《かじょう》な〝自粛パトロール〟に走る人たちのことです。

「自粛警察」も、ある意味でボランティア活動なわけです（笑）。本人たちにとっては正義の行動であり、「世のなかのために頑張っている」という充実感もあるのでしょう。しかし、攻撃された側にとってはたまったものではありませんし、社会のためになるどころか害になっています。そのような例からもわかるとおり、利他行動のつもりで行っていても、実は利他になっていないケースも、世のなかには多々あるわけです。

だからこそ、何を目的として行っている利他行動なのかが、常に厳しく問われないといけません。目的を誤ってしまえば、当人の思いがどうであれ、よかれと思ってやった行動が社会にとって害悪になってしまうからです。

そして、個々人の人間革命を積み重ねた先に全人類の幸福と世界平和を実現しようとする創価学会の活動は、目的から見ても真の利他行動・菩薩行と言えるでしょう。

――この章には池田会長の「『空』だから、どんな自分にでもなれるのです。今の姿に、とらわれてはならない。変化、変化です。問題は、よい方向に変化しているのか、悪い方向に変化しているのか、だ。中間はないのです」という言葉もあります（中巻三九八ページ）。利他行動も、何を目指しての利他なのか、その行動がどちらの方向を向いているのかが大切だということでしょうか。

佐藤　そう思います。この章には創価学会でよく用いられる「進まざるは退転《たいてん》」という言葉も出てきますが、生命が常に変化・生成していく存在である以上、静止状態はあり得ないわけですね。その意味で、「進歩しないことは退歩と同義である」というのは、考えてみれば当たり前です。だからこそ、菩薩行もまた何かを目指す過程にほかならないわけで、「何を目指しての利他なのか？」が厳しく問われるわけです。

それから、「進まざるは退転」という言葉について付け加えると、私はこの言葉から十六世紀の宗教改革者ジャン・カルヴァンの思想を想起しました。というのも、カルヴァンは人間の「七つの大罪」のなかでも「怠惰《たいだ》」を特に強調したからです。キリスト教徒にとっては怠惰であることそれ自体が重い悪徳である、と。怠惰の対極にある美徳は、もちろん「勤勉」です。「怠惰は重い罪である」とするカルヴァンの思想は、「進まざるは退転」と響き合うものでしょう。

そして、怠惰を罪と捉えることの背景には、やはり、生命自体が常に変化し続ける生成的な存在だという考え方があるのです。

――佐藤さんは月に八十本以上もの連載を抱えるなど、言論人として膨大《ぼうだい》な量の仕事を続けておられるわけですが、そうした勤勉さも、怠惰を罪とするキリスト教の信仰に由来しているのでしょうか。

佐藤　そうだと思います。信仰は私の仕事のスタイルにかなり強い影響を与えています。

池田会長が会長就任以来六十年以上、休む間もない激務の日々を続けてこられたことも、「進まざるは退転」という考え方の反映ではないでしょうか。宗教的使命感に基づく勤勉さと言いますか。その点でも、私は池田会長から多くを学びたいと思っています。

3

「魔と戦い続けてこそ仏」という思想

仏界とは信心以外にない

――ここからはいよいよ、「十界《じっかい》」の最終段階であり、慈悲と智慧《ちえ》にあふれる尊極《そんごく》の境涯《きょうがい》である「仏界《ぶっかい》」の話に踏《ふ》み込みます。十界のなかでも、いちばん説明が難しい境涯かと思いますが……。

佐藤　はい。しかし、池田会長は『法華経の智慧』で、その難問に次のように明快に答えています。

「『仏界』とは何か。それは私どもで言えば『信心』以外にないのです。戸田先生は、こう言われた。
『成仏《じょうぶつ》とは、仏になる、仏になろうとすることではない。大聖人様の凡夫即極《ぼんぷそくごく》、諸法実相《じっそう》とのおことばを、すなおに信じたてまつって、この身このままが、永遠の昔より永劫《えいごう》の未来にむかって仏であると覚悟することである』
『信心』であり『覚悟』です。『自覚』です」（中巻四一五ページ）

このような明快さは池田会長ならではです。

――「受持即観心《じゅじそくかんじん》」の原理というものがあって、末法《まっぽう》の凡夫が成仏するための観心の修行は、南無妙法蓮華経の御本尊を受持することに尽きるとされているのです。御本尊を信じて受持することそれ自体が、仏界の顕現につながるということですね。

佐藤 なるほど。プロテスタントの最も基本的な原理の一つが「信仰のみ」ということなのですが、〝仏界とは信心以外にない〟という池田会長の言葉も、それと一脈通じます。

〝御本尊を信ずる凡夫の心のなかに仏界はある〟という捉《とら》え方は、おそらく創価学会の成仏観と深く関わっているのでしょう。学会では、成仏を固定的なゴールとして捉えません。むしろ、成仏を目指して進むプロセスそのもののなかに、成仏があると考える。動的で生成的な成仏観であり、そこに学会の大きな特徴の一つがあります。そうした成仏観に立つからこそ、〝仏界とは信心以外にない〟という考え方も出てくる。つまり、信心という、常に生成していく心の働き自体のなかに仏界を見るのだと思うのです。

――この章の後半で、池田会長は「仏界とは何か」との問いに、再度別の言葉で答えています。

「仏界とは、妙法と一体の境地であり、仏とは、妙法を師とする人です。妙法を受持しぬく境地そのものが仏界です。釈尊《しゃくそん》は成道の直後に、〝妙法を師として生き続ける〟ことを誓って、こう言っている。

『わたくしはこの法(dhamma)をさとったのだ。わたくしはその法を尊敬し、うやまい、たよっているようにしよう』。そして、その通りの生涯をまっとうした」(中巻四一九ページ)

佐藤 そこで原始仏典のなかの釈尊の言葉を引用している点も印象的です。〝仏界とは信心以外にない〟という捉え方が、実は釈尊の仏法のなかにも流れ通っていることを、池田会長はこの引用によって示されたのではないでしょうか。

さらに言うなら、「法を尊敬し、うやまい、たよっているようにしよう」という言い方そのもののなかに、釈尊が「法」を生命的なものとして見ていることが感じ取れます。「尊敬し、頼る」というのは、あたかも人に対して言うような言葉です。『法華経の智慧』の随所《ずいしょ》に、原始仏教を法華経の視座《しざ》から再解釈し、新たな光を当てて生かしていこうとする姿勢が感じられます。

仏界は魔と戦う過程に顕現

佐藤　ただ、「信心」という言葉は、一般人から見ればとてもあいまいで、それがどのような心のありようを指すのか、わかりにくい面があります。そこで、もう少し具体的に、池田会長がどのような信心を指して仏界だと言っているのか、考えてみましょう。

そのためのヒントになるのが、同じ章の「『信心』とは『魔と戦う』こと以外にはない」（中巻四一六ページ）という言葉です。会長はその言葉のあと、次のように言っています。

「釈尊も絶えず魔と戦った。『魔と戦い続ける』ことと『仏である』こととは、じつは同じことと言っても過言ではない。（中略）『仏界が顕《あらわ》れる』ことと『魔軍を降《くだ》す』こととは一体なのです。魔は、内にも外にもいる。しかし、それに勝つか、負けるかは自分自身の一念です。

大事なことは、勝ち続けることです。立ち止まらないことです。決して魔に紛動されない自分自身を鍛え上げることです」（中巻四一七〜四一八ページ）

ここに見られるように、池田会長が〝仏界とは信心以外にない〟と言うとき、その「信心」とはただ単に「御本尊を家に安置して心のなかで信じること」のみを指すのではないのでしょう。「自分には広宣流布《こうせんるふ》の使命がある」との自覚に立ち、魔と戦い続けること——その行動までもが「信心」に包含《ほうがん》されているのです。

つまり、「成仏というゴールに到達してしまえば、その後は何もしなくても仏であり続けることができる」とは決して捉えない。魔と一生涯戦い続ける、その戦いのプロセスのなかにこそ仏界が顕現するというのが、池田会長の仏界観なのですね。私はそのことを、実に創価学会らしいと感じます。学会は常に戦い続けてきた教団なのですから。

——「魔と戦ってこそ仏である」という趣旨の発言を、池田会長は『法華経の智慧』以外にもさまざまな場面でしてきました。

佐藤　言い換えれば、仏界とは単独で存在するものではないということですね。十界互具《ごぐ》であるから、仏界は常に他の九界と一体である。そして、そうである以上、魔と戦い、難と戦う過程のなかにこそ仏界はある、と……。

そのことを学会員の皆さんに即して考えるなら、「現実から離れた遠い世界に仏界があるのではなく、日々の暮らしのなかで現実と戦う、その戦いのただなかにこそ仏界が顕現する」ということになるでしょうか。日蓮大聖人の生涯が難との戦いの連続であったことを考えても、得心《とくしん》のいく話です。

仏とは宇宙生命――日常性と超越性の往還

佐藤　ところで、今回は新型コロナウイルス禍《か》の影響で、「Ｚｏｏｍ」（ウェブ会議サービス）を使ったオンライン取材でこの対話を行っています。私は新型コロナ禍以降、どのメディアの取材も基本的にはオンラインで受けていますが、慣れてしまえば意外に快適ですね。

——そうですね。

佐藤　『聖教新聞』で様子を拝見すると、創価学会の活動の現場でも、今は「Ｚｏｏｍ」や「スカイプ」などのオンライン対話ツールが積極的に活用されているようです。学会は、新しいテクノロジーに対する取り組みがとても柔軟ですね。

——コロナ禍において、学会活動の現場でも、通常の座談会などが開きにくいため、青年部を中心にオンライン・ミーティングがどんどん普及しています。ただ、どうしてもウェブ・ツールの活用が苦手な方もいますので、そこは電話などで補《おぎな》っているようです。

佐藤 その点は私が所属する教会も同じですね。たとえば、牧師の説教を映像で収録してそれをYouTubeにアップし、パスワードを送ったメンバーだけが視聴できるようにするとか、そういう試みをしています。

――さまざまな宗教の現場で、リモート化が着々と進行しているのですね。

佐藤 今後、リモートワークの普及が進めば、高齢者などウェブ・ツールが苦手な方でも使いやすいものもどんどん出てくるでしょう。

――「オンラインの会合では（画面に映ってしまうから）部屋を片付けないといけないし、化粧もしないといけないから、面倒だ。電話のほうがいい」という声もあるようです（笑）。今後はオンラインのよい部分と面倒な部分を、うまく使い分けていくことになるのかもしれませんね。

佐藤　それに関連した話ですが、昭和五十年代に起きた第一次宗門事件と、平成の第二次宗門事件を比べてみると、第一次のときにはなかった本部幹部会の衛星放送が、第二次のころには普及していました。創価学会が第二次宗門事件で完全勝利したのは、そこにも一因があったのではないでしょうか。

――第二次宗門事件では、学会側が衛星放送を通じて、会内の隅々にまで必要な情報を即座に伝えることができました。そのおかげで会員の間に動揺が広がらなかったという面は大きいと思います。

佐藤　その意味では、衛星放送というテクノロジーを上手に活用したことが、広宣流布を大きく前進させたわけですね。新型コロナ禍でのリモートツールの普及も、新型コロナ禍以降の学会活動にとって大きなプラスにもなるかもしれません。

――そういえば、戸田第二代会長は、まだネットも携帯電話もファクスもない時代に、

「通信技術の発達は、広宣流布が飛躍的に加速する兆候なんだよ」と鋭く展望していました。また、飛行機などの交通の便の発達も、広布の瑞相《ずいそう》として捉えていたようです。

佐藤　新型コロナ禍の影響で会合が開きにくくなったり、対面での対話がしにくくなったことは、表面的には創価学会の運動を阻《はば》む壁になっているでしょう。でも、マイナス面ばかりがあるわけではなく、逆に新型コロナ禍が広布を加速していく面もきっとあるはずです。

テクノロジー自体には善も悪もなく、それが社会をよくするか悪くするかは、使う人の心根次第です。リモートツールだって、悪人が用いれば新手の詐欺ツールにもなり得るわけです。だからこそ、創価学会の皆さんにはリモートツールの善用に力を注いでいただきたい。私が言うまでもなく、皆さん懸命にそれを考えていることでしょう。

さて、仏界の話に戻します。今回学ぶ部分のなかでも際立って印象的だったのは、池田会長が〝仏とは宇宙生命である〟と喝破《かっぱ》される次の箇所です。

「命に差別はない。平等です。平等に仏です。違うのは、それを自覚しているか否《いな》か、その『心』の違いだけです。三十二相《そう》・八十種好《しゅこう》で身を飾るのが仏なのではない。我が生命そのものが本来、仏です。宇宙そのものが本来、仏なのです。太陽が出るのも慈悲。月が照らすのも慈悲。緑の木々が美しく呼吸しているのも慈悲です。宇宙全体が無始無終《むしむしゅう》にわたって慈悲の活動を続ける大生命体なのです。

その大生命を久遠の仏と言う。そして、十界のだれの生命も、この寿量品《じゅりょうほん》の仏と一体なのです。その本来の生命に帰るカギが信心です」（中巻四一六ページ）

これは、戸田第二代会長の「獄中《ごくちゅう》の悟達《ごだつ》」の核心である「仏とは生命なり」のパラフレーズ（言い換え）ともいうべき一節ですね。

――「三十二相・八十種好」とは、〝凡夫とは異なる仏の外形的特徴〟を数え上げたもので、『大般若経《だいはんにゃきょう》』などに説かれています。たとえば、「全身が金色に輝いている」とか、「眉間《みけん》に右巻きの白毛があり、そこから光を放つ」などという特徴を仏は備えているとされます。

佐藤 要は、キンキラキンに輝いた、仏像がそのまま人間の形になったようなイメージですね。しかし、本来の仏はそのようなものではないと、池田会長は言われているわけです。

戸田会長が「獄中の悟達」を遂《と》げられたときには、狭い独房のなかで、牛乳瓶《びん》のフタを集めて手作りした数珠《じゅず》を手にされていました。つまり、「三十二相・八十種好で身を飾る」きらびやかな仏とは対照的な姿であったわけです。そのことが、この一節に含意《がんい》されている気がします。

そして、「宇宙そのものが本来、仏」という壮大な論が展開されるこの箇所を読むと、それが学会員の皆さんの日常とごく自然につながっていることに驚かされます。先の引用部分に続けて、池田会長は次のように言われているのです。

「**全宇宙が自分の銀行口座のようなものだ**（笑い）。『**信心**』しだいで、いくらでも**宝が引き出せるのです**」（中巻四一六ページ）

仏とは宇宙生命であり、日々の学会活動や勤行《ごんぎょう》・唱題《しょうだい》のなかに、「久遠の仏」と一体化した「本来の生命に帰るカギ」があるのだ、と。そのような超越性と、日々の暮らしのなかでさまざまな現実的功徳を受けるという日常性――両者の自然な往還がそこにはあるのです。私がいつも言うように、彼岸《ひがん》（あの世）性と此岸《しがん》（この世）性を兼ね備えているのが、創価学会の宗教としての大きな特徴です。今回学ぶ箇所は、そのことをあらためて感じさせます。

「あらゆる職業の仏」があり得る

佐藤　生命そのものが本来は仏であるという池田会長の成仏観・仏界観からは、当然のことですが、一部の出家修行者や聖職者だけが仏になり得るなどという捉え方は絶対に出てきません。職業や立場によって仏になる可能性に制限を加えるような、差別的発想の対極にあるのが池田思想なのです。

そのことは、この章の次のような一節にも示されています。

「仏とは人間です。戦い続ける人間です。どこか別世界にいるような、特別の存在とかではない。凡夫即極と仰《おお》せです。諸法実相であり、諸法という、人生と社会の『現実』のなかに、実相がある。仏界がある。

ある人はビジネスマン、ある人は教師、ある人は主婦、ある人は農業というように、社会のさまざまな活動のなかに『仏界』の躍動はある。それが法華経の見方です」（中巻四二三～四二四ページ）

今回の新型コロナ禍のなかでは、いわゆる「夜の街」がクラスターの発生源として槍玉《やりだま》に挙がりました。そこから、ホステスやホストなど、夜の繁華街で働く、いわゆる「水商売」の人たちへの職業差別につながりかねない世論の動きもあり、私は危険な兆候だと感じています。

しかし、池田思想にはそのような差別意識など微塵《みじん》もありません。「教主釈尊《きょうしゅ》の出世の本懐《ほんかい》は人の振る舞いにて候《そうら》いけるぞ」（新版一五九七ページ・全集一一七四ページ）という日蓮大聖人の名高い言葉があるように、あらゆる職業のあらゆる凡夫が、その振る舞いによって仏界の輝きを示すことがあり得ると捉えるのです。

それどころかむしろ、人里離れた場所で修行する聖者などという、一般的な仏のイメージを、池田会長は明確に否定しています。社会の真っただなかで人々のために尽くす庶民の姿のなかにこそ、真の仏界の輝きがあると捉えているのです。引用した一節では、その例として教師や主婦、農業従事者が挙げられていますが、そのリストの先に水商売などが並んでいてもいいわけです。

もちろん、職業に貴賤《きせん》はないとはいえ、暴力団員や犯罪者集団のように、その存在を肯定できない仕事があるのは事実です。しかし、さまざまな事情からやむを得ずそのような立場に身を置いたとしても、信心によって仏界を顕現していくことは可能だし、そうなれば自《おの》ずと「別の仕事に就こう」という発想に変わっていくと考えるのが創価学会員なのだと思います。頭ごなしに「そんな仕事をしていたら成仏できない」と否定することは決してないのです。そこには、創価学会のきわめて自由な職業倫理観が垣間《かいま》見えます。

――その点は、佐藤さんが信仰されているプロテスタントの「召命《しょうめい》」観に近い気もするのですが、いかがでしょうか？

佐藤　そう思います。カトリックにおいては、「召命」（神に呼び出され、伝道者としての使命を与えられること）は聖職者や修道者にのみ当てはまる概念です。しかし、プロテスタントでは「召命」に新たな意味付けがなされました。あらゆる世俗的な職業の信仰者も、「召命」によってその職業に就くと捉えるようになったのです。そのようなプロテスタント独自の「召命」観が、近代資本主義発達の原動力になったというのが、マックス・ウェーバーの『プロテスタンティズムの倫理と資本主義の精神』の主張でした。

「職業」を意味するドイツ語は「ベルーフ（Beruf）」ですが、「召命」もドイツ語では同じ「ベルーフ」です。これは、「キリスト者は自《みずか》らの職業のなかで果たすべき使命を持つ」という、プロテスタントの「召命」観に由来します。

池田会長が〝あらゆる職業のなかに仏界の躍動はある〟と捉えておられるように、

プロテスタントにおいても、職業に宗教的優劣をつける発想はありません。ただし、ルターの生きた中世には職業は生まれによって固定されていましたから、職業選択の自由がある現代とはやや考え方が異なります。

近現代の社会状況に合わせてその点を解釈し直したのがカール・バルト（スイスのプロテスタント神学者）で、彼は「ベルーフ」と「ベルーフング（Berufung）」を立て分けて考えました。ベルーフは「召命」で、特定の職業を意味しますが、ベルーフングは「召《め》し」と訳します。「自分の意思で職業を変えてもいい」という意味合いを、バルトは「ベルーフング」という言葉に込めたのです。

現在のプロテスタント神学の主流は、「今どんな職業に就いていたとしても、それが原因で神に救われないということは決してない。ただし、今の職業が『社会のためにならない、悪い職業だ』と考えているなら、転職する努力をすべきだ。変わった先に新たな天職がある」という考え方です。

つまり、プロテスタントも創価学会同様、職業倫理観はかなり自由なのです。その点も、学会とプロテスタントの共通点の一つと言えるでしょう。

4

「十界互具」こそ「人間主義」の土台

信仰と理性的探求の関係

――前回で仏界《ぶっかい》の考察が終了し、十界《じっかい》の各界の考察を終えたことになります。ここからは、「十界互具《ごぐ》」（十界のそれぞれに十界が具《そな》わっていること）がテーマになった部分を扱います。

佐藤　この章の冒頭で、日蓮大聖人の『御書』にどう向き合っていくべきかという姿勢が語られます。そこで池田会長は、戸田第二代会長の「太平洋のような大境涯《だいきょうがい》の信心で、この御書を拝することだ」という言葉を引いて、次のように述べています。「**御書は、ただ才智で読んでも分からない。全生命をかけた『信心』で拝していきなさいとのお話だったと思う**」（中巻四二七ページ）

関連する話が、『新・人間革命』に描かれています。池田会長が学生部を対象に「御義口伝《おんぎくでん》」の講義を行った際、御書の読み方について次のように指導したという場面です。

「御書を拝読する場合は、まず〝真実、真実、全《まった》くその通りでございます〞との深い思いで、すなわち、信心で拝し、信心で求め、信心で受けとめていこうとすることが大事です。

西洋哲学は〝懐疑《かいぎ》〞から出発するといえるかもしれない。しかし、仏法を学ぶには、〝信〞をもって入らなければならない」（『新・人間革命』第六巻「若鷲」の章）

これを読んで、私はアンセルムス（十一世紀イギリスの神学者・スコラ哲学者。「スコラ哲学の父」とも呼ばれる）の言葉を思い出しました。

アンセルムスの哲学の大きな特徴は、信仰と理性的探求の関係を明確化した点にあります。彼は「知解（理解）を導く信仰」という論文のなかで、「我信ず、しかして理解せん」と述べています。平たく言えば、「信仰について真に理解するためには、『信ずる』ことから出発しないといけない」という意味です。それは決して、懐疑してはいけないということではない。ただし、最初の入り口には信ずることから入らないといけないというのです。

アンセルムス（1033-1109）
（Mary Evans Picture Library/共同通信イメージズ）

信ずることから出発するからこそ理解が深まり、その理解がさらに信仰を深める。そして、その信仰の深まりによって、さらに知りたいと欲《ほっ》する……。「信ずること」と「知ること」の間には、そのような循環があるとアンセルムスは言うのです。

池田会長の言われる、御書を「信心で拝していく」というのも、同じことを言ってるのだと思います。

池田会長は、一九七三年に創価大学で「スコラ哲学と現代文明」という講演を行っています。アンセルムスについても当然ご存じでしょう。したがって、「知解を導く信仰」の内容も踏《ふ》まえたうえで、御書の読み方についての指導もしたのだと考えられます。

そこには、「創価学会の世界宗教性」に目を向ける姿勢があります。つまり、〝アンセルムスが探求した信仰と理性的探求の関係は、創価学会についても同じことが言えるし、そこに世界宗教としての共通項もあるのだ〟という主張が、わかる人にはわかる形で暗示されているのだと言えます。

――わかりやすく言えば、「世界宗教とはまず『信』から始まるもので、西洋哲学のように懐疑から出発してはいけない」ということでしょうか。

佐藤　そういうことです。あたかも科学者が仮説を立てて研究に臨むように、懐疑から出発し、証拠によってその懐疑が解消されたから信ずる……というやり方では、そもそも信仰とは呼べないでしょう。シュライエルマッハー（ドイツのプロテスタント神学者）は宗教の本質を「絶対依存の感情」に求めましたが、これは仏教でいう「帰《き》命《みょう》」（身命を投げ出して仏の教えに従うこと）に通ずると私は思います。南無妙法蓮華経の「南無」とは帰命を意味するそうですが、まずすべてを委《ゆだ》ねるような「信」の姿勢で聖典と向き合わないといけない――という考え方は世界宗教に共通していると思います。

われわれキリスト教徒にとっての『聖書』、学会員の皆さんにとって『御書』を、哲学書の古典と向き合うような姿勢で読んではいけないということです。それは信仰者の読み方ではない。聖典を近代合理主義の枠組みのなかで理解しようとすること自体、ある意味で信仰者としては「増上慢《ぞうじょうまん》」に陥《おちい》っているのだと思います。

池田会長はそのことをよくご存じだからこそ、『法華経の智慧《ちえ》』や『新・人間革命』などのなかで、〝まず信から入る〟ことの重要性を繰り返し強調されているのでしょう。

世界宗教化を見据えた文化運動

佐藤　スコラ哲学への目配りが象徴するように、池田会長は以前から、キリスト教やそこから生まれた文化・哲学についても、ごく自然な形で創価学会のなかに取り込んでこられました。それは、一九六〇年代、七〇年代といったごく早い時期から、創価学会が世界宗教化していく時代を見据えていたからこそだと思います。

キリスト教をバックグラウンドに持つ各国の識者・指導者と対談集を編み、宗教についても忌憚《きたん》なく語る——そのような宗教間対話の試みも、積み重ねてこられました。それは決して他宗教に対する迎合ではありません。宗教的に譲れない部分についての厳格さは保ちつつ、開かれた対話を続けてこられたのです。しかし、(日蓮正宗《しょうしゅう》)宗門にはその辺が理解できなかったようですね。

――そうですね。平成初頭のいわゆる「第二次宗門事件」の過程で、宗門は創価学会の本部幹部会でベートーヴェンの「交響曲第九」の「歓喜の歌」を合唱したことについて、〝シラー作の原詩には「神々」とあり、キリスト教の神を讃歎《さんたん》した内容であるから、これをドイツ語で歌うことは外道礼讃《げどうらいさん》となり、キリスト教を容認・礼讃することになるから謗法《ほうぼう》だ〟と難癖《なんくせ》をつけてきました。

佐藤　ベートーヴェンの名曲は全人類の文化遺産であるわけで、「キリスト教のもの」というより、普遍的な価値を持つものです。それを合唱しただけで「外道礼讃」だという感覚は、恐るべき時代錯誤《さくご》ですね。まさに、学会と宗門の感覚の大きなギャップが露呈《ろてい》したのだと思います。

ある宗教が世界宗教化していくということは、世界のあらゆる文化と融合していくということにほかなりません。もちろん、池田会長はそのことをよく理解されていた。しかし、宗門には理解できなかったのでしょう。第二次宗門事件とは、一面から見れば「学会の世界宗教化に、宗門がついてこられなかったから起きた事件」と言えます。

戸田第二代会長時代と池田会長時代を比較すると、いろいろな違いがあります。大きな違いの一つは、池田会長時代になって、創価学会は一大文化運動団体になったということです。民音（民主音楽協会）や東京富士美術館など、池田会長が創立した外《がい》郭《かく》文化団体が大きく成長していったことは、その実例と言えます。

そして、学会が推進した各種文化運動は、もちろん日本社会に向けての意義も大きかったのですが、一方では「学会の世界宗教化を見据えたもの」でもありました。創価学会／SGIが世界のあらゆる文化と融合していくためにも、各種文化運動の推進が必須だったのでしょう。

キリスト教の信仰から生まれた美術作品や音楽作品などは星の数ほどあるわけですが、それらの作品はキリスト教徒以外の人々にも愛され、文化として享受《きょうじゅ》されています。創価学会／SGIから生まれた文化が、同じように世界に受け入れられることを、池田会長は目指されたのではないでしょうか。

――今のお話で思い出しましたが、台湾SGIの本部である台北《タイペイ》市の「至善《しぜん》文化会館」は、世界四大博物館の一つとされる「故宮《こきゅう》博物院」の真向かいにあります。そのため、博物院を訪れた観光客が、至善文化会館も見学していくことがよくあるそうです。それも、SGIが文化として各国社会に融合していることの一例と言えるかもしれません。

佐藤 日本でも、民音博物館や東京富士美術館を、創価学会の外郭団体ということを意識しないまま訪問している人もいると思います。そのように、文化の一つとして社会に溶け込んでいくあり方こそ、世界宗教にふさわしいのだと思います。

――戸田会長時代の創価学会に、体育祭や音楽隊などの文化運動的側面を持ち込んだのは、若き日の池田会長でした。当時、その意義を理解できなかった古参の幹部からは、反対の声も上がったようです。

佐藤　池田会長は当時から、「文化の力」を熟知されていたし、創価学会が世界宗教化していく未来を見据えていたということでしょう。大変な慧眼《けいがん》だと思います。

一方で、宗門がベートーヴェンの「第九」を「外道礼讃」と言ったり、かつて『大《だい》白蓮華《びゃくれんげ》』で「英国王室のローブ展」の展示品・ガーター勲章（イングランドの最高勲章）を紹介したところ、〝十字章があるからキリスト教のものであり、謗法だ〟と難癖をつけたという話は、ある意味でわかりやすい。宗門は、「世界宗教になるためには、こうであってはいけない」という反面教師のような存在だと思います。

「一人を大切に」の根底にあるもの

――「十界互具」に話を戻します。十界それ自体は、爾前経《にぜんきょう》にも説かれています。しかし、「十界互具」が説かれているのは「法華経」だけです。

佐藤 爾前経では、十界がバラバラの存在としてだけ説かれていたのですね。

――ええ。だからこそ、人間が仏になるためには人間の生命を捨てるしかなかったのです。人間として生まれてきた以上、その人生においては成仏《じょうぶつ》できないとされていました。死んで極楽浄土などに生まれ変わるか、歴劫《りゃっこう》修行（繰り返し生まれ変わって続ける修行）の果てに九界の低い境涯を捨てて仏になるしかない……そう考えられていたのです。

佐藤 なるほど。だからこそ「成仏とは、人間ではないきらびやかな存在に変わること」として説かれていたわけですね。

――はい。法華経では、人間が生身の凡夫《ぼんぷ》の姿のまま、この一生の間に成仏できると説きますが、それは十界互具の法理が前提となっているのです。

佐藤　その点について池田会長が、次のように語られています。

「これまで、**私たちの人生を例に『十界』論を学んできたが、これ自体、『人界《にんかい》に十界を具する』ことが大前提になっていたわけです。（中略）じつは、これ自体が、法華経以外では考えられないことなのです**」（中巻四二九ページ）

なるほどと膝《ひざ》を打ちました。私たち人間の生命がさまざまな縁《えん》に触れて九界の境涯を次々と示すのは、それ自体が十界互具の証明でもあるのですね。

――そうですね。そして、今回読み解いていただく章では、その十界互具を説明する法理として、「部分即全体」という生命観が登場します。この「即」というのは、仏教ならではの概念です。英語でいう「イコール」と同じ意味のように見えて、実は似て非なるものです。「煩悩《ぼんのう》即菩提《ぼだい》」「生死即涅槃《ねはん》」「凡夫即極《ごく》」など、本来決してイコールではないはずの二つのものを、「即」の一字で一体として捉《とら》えてしまう不可思議《ふかしぎ》な概念なのです。一体といっても同一ではなく、それぞれ別のものではあるのに「即」で結んでしまうわけです。

佐藤 なるほど。「部分即全体」もそうですね。部分と全体が同じであるはずがないのに、即の一字で一体化させてしまう。まさに不可思議です。

池田会長はその「部分即全体」の法理を、人間一人一人の生命を「部分」、全宇宙を「全体」と捉える形で、次のように説明しています。

「人間は『小宇宙』です。『小宇宙』即『大宇宙』であり、我即宇宙です。(中略)十界のどの衆生《しゅじょう》であっても、そのままで『完璧な小宇宙』なのだということです。それは『諸法実相《しょほうじっそう》』のところで学んだことと同じです。(中略)宇宙の一切の法(諸法)も、『十界の依正《えしょう》』以外にはない。それらが、ことごとく一法ものこさず、『妙法蓮華経のすがたなり』と。これが『実相』なのだというのです。つまり、一切の法(諸法)の、どの一法をとってみても、それは南無妙法蓮華経という宇宙の大生命の顕《あらわ》れであるということになる。(中略)

すごい生命観、世界観、宇宙観なのです。大聖人は『草木・樹林・山河《さんが》・大地にも一微塵《いちみじん》の中にも互《たがい》に各十法界《おのおのじっぽうかい》の法を具足す』（新版七〇九ページ・全集五六一ページ）と**も仰《おお》せだ**」（中巻四三一～四三三ページ）

〝宇宙全体の十界互具〟を説き、なおかつ、人間一人一人にとって「我即宇宙」でもあることを説くという、壮大なスケールの解説です。

われわれの一般的感覚としては、部分が少しずつ集まって全体になるわけですが、「部分即全体」はそうではない。部分がそのまま全体だというのです。そして、個々の生命を「部分」、宇宙を「全体」と捉えるこの「部分即全体」論は、池田会長の「人間主義」のバックボーンになっているのだと感じました。

池田思想は「徹して一人を大切にする」哲学であり、「一人の生命の価値は全宇宙にも等しい」と捉える、徹底した生命尊重の哲学です。しかし、同じようなことは、池田会長に限らず、多くの人が言ってきました。

卑近《ひきん》な例を挙げれば、一九七七年に日本赤軍《せきぐん》グループが日航機をハイジャックし、人質の身代金や服役中の仲間の釈放を要求した際、当時の福田赳夫《たけお》首相が「一人の生命は地球より重い」と述べて要求に応じたことが知られています。

では、そのような一般的意味での人権擁護《ようご》と、池田会長の「人間主義」は、何が違うのでしょう？　その違いが、まさに「部分即全体」の法理のなかにあるのだと思います。

池田会長が徹して一人を大切にするとき、眼前の一人は単なる〝八十億分の一〟（＝全人類のなかの一人）ではなく、宇宙全体と同等の広がりと重みを持つ存在です。そのことを、池田会長は十界互具・諸法実相の法理を基盤とする「部分即全体」の生命観によって、心の底から確信されているのでしょう。

それに対して、宗教を持たない人の言う人権は、あくまで全体の一部としての人権です。つまり、宗教的確信という裏付けの有無が、一般的人権論との根本的な違いなのだと思います。

そのことを、池田会長は次のように語っています。

「だからこそ『一人の人を大切に』と何度も言うのです。『一人の人』が全宇宙と同じ大きさであり、最高に尊貴なのです。これが皆、なかなか分からない。（中略）

一人の人を励まし、一人の人が幸福になっていく。そのなかに『広宣流布《こうせんるふ》』の全体が含まれている。この一点を離れて、上から〝組織を動かそう〟というのは転倒なのです」（中巻四四〇ページ）

ここで池田会長は、人間主義の根底に「部分即全体」の法理があることを示したうえで、その法理を広宣流布観に敷衍《ふえん》して説明しています。学会員の皆さんが、身近な友人に仏法対話をしたり、一人の人を励ましていくこと――そのこと自体に、実は広宣流布の全体が包含《ほうがん》されているというのです。

池田会長は「これが皆、なかなか分からない」と言いますが、学会員の皆さんの多くは、日々の勤行《ごんぎょう》・唱題《しょうだい》や活動の積み重ねのなかで、直観的にそのことをわかっているのではないでしょうか。だからこそ、一人の友への励ましに心血を注ぐのでしょう。池田会長の人間主義は、創価学会の組織全体に流れ通っていると感じます。

「部分即全体」ですべてを生かす

佐藤 その「部分即全体」の考え方をさらに敷衍して考えるなら、池田会長がよく言われる、〝法華経こそ生命の全体観を解き明かした教えであり、爾前経や他宗教、他のイデオロギーは部分観にすぎない〟という言葉にも、違うニュアンスが生まれてくる気がします。

たとえば会長は、『法華経の智慧』上巻で、科学は宗教と比べれば部分観だから、「**科学信仰におちいらないためには、生命の全体観を示した真の哲学が必要でしょう**」と指摘しています（上巻二二一ページ）。この言葉は一見科学を貶《おとし》めているように見えますが、部分的にせよ真理が含まれているから、大きな価値があると認める言葉でもあるのです。

池田会長は、他宗教、共産主義などのイデオロギーなどを全否定するのではなく、その価値ある部分を取り込んで生かそうとします。そうした思想的態度にも、「部分即全体」の法理が影響しているように思うのです。

――なるほど。

佐藤　週刊誌『アエラ』での私の連載「池田大作研究――世界宗教への道を追う」を、先ごろ脱稿《だっこう》しました。連載のなかで私は、「大阪事件」についてあらためてじっくり考察しました。そのときにも感じたことですが、池田会長には「国家権力イコール悪」といった、単純化された考え方はないように思います。

むしろ、大阪事件を担当した裁判官が最終的には真実を見抜いて無罪を言い渡したように、国家権力のなかにも正義を行う賢者はいるのだと、池田会長はあのとき命に刻んだのではないでしょうか。

だからこそ、創価学会は国家権力の弾圧を経験しながらも、反権力の団体には決してならなかった。むしろ、何十年もかけて法曹界・政界・官界などに同志を送り込むことで、日本の国家権力を内側から変革しようとする方向に舵《かじ》を切ったのでしょう。

それは一つには、池田会長が部分即全体・十界互具の法理に即して世界を見ているからではないでしょうか。権力にも、他宗教にも、異なるイデオロギーにも、必ずよい部分がある。そこを生かそうとするのが池田会長なのです。

5

「宿命を使命に変える」思想

〝民衆目線〟で語る一念三千

——前回に続き、「十界互具《じっかいごぐ》」について論じられた部分から話を始めます。

佐藤　前回、十界互具は池田会長の「人間主義」の基盤になっているという話をしました。

それは、十界互具・諸法実相《しょほうじっそう》を基盤とする「部分即全体」の生命観が、〝眼前の一人のなかに人類全体、ひいては宇宙全体が包含《ほうがん》されている〟と捉《とら》え、徹して一人を大切にする「人間主義」の思想が生まれたのだろう、という論旨でした。

一般に、十界互具を論じると、どうしても〝宇宙の真理〟的な遠い話になってしまい、観念的になりがちだと思うのです。しかし、日蓮仏法や池田思想はそうならないのです。「人界《にんかい》に十界を具する」こと、凡夫《ぼんぷ》の生命のなかに仏界《ぶっかい》が具《そな》わることに、どこまでも焦点を当てている。決して観念論にならず、〝民衆目線〟で十界互具を捉えている……そのことが特徴的だと思いました。

――はい。本書のメインテーマである「池田思想を読み解く」ことに関して、『法華経の智慧《ちえ》』のなかでも屈指の重要性を持つのが、今回学ぶ章ではないかと思います。なぜなら、池田思想の根幹とも言える「人間主義」の土台となる法理が語られているからです。

佐藤　池田思想のみならず、日蓮仏法を理解するうえでも重要な箇所だと感じました。

外部の人間としての理解ですが、日蓮仏法を理解するには「一念三千《いちねんさんぜん》」(凡夫の一念に、仏の境涯《きょうがい》をはじめとする森羅万象《しんらばんしょう》が収まっていること)がわからないといけないと思うのです。この章を読むと、一念三千についてもよくわかりますね。

——そうですね。御書「開目抄」のなかに、「一念三千は十界互具よりことはじまれり」(新版五四ページ・全集一八九ページ)とあります。十界互具について論じられたこの章は、一念三千が深く解説された章でもあります。

佐藤　この章の次のような箇所を読んで、なるほどと膝《ひざ》を打ちました。

「日寛《にちかん》上人は一念三千について、『微小な一念に、どうして三千という広大な次元を具していると言えるのか』という問いを設け、法華経は『具遍《ぐへん》』を明かしているのだと答えられています。(「三重秘伝抄」)

『具』は『そなわる』こと。『遍』は『ゆきわたる』ことです。『法界《ほうかい》の全体は一念に具し一念の全体は法界に遍《あまね》し』と。極大が極小に具わり、極小が極大に広がっていきます。

『それは譬《たと》えば、一粒の土に、その周りの広大な国土の成分がすべて具わっており、一滴の水を大海に加えると、それが大海中に広くゆきわたるようなものだ』とも述べられています」（中巻四三四ページ）

「具遍」という言葉を初めて知りましたが、この語を使うと、確かに一念三千がイメージとしてよくわかりますね。そして、「三重秘伝抄」のこの一節は、前回論じた「部分即全体」の法理の的確な説明にもなっています。

——難解な「一念三千」の概念を、人々にわかるように説明する、知的咀嚼力《そしゃくりょく》のすごさとでもいいますか。そうした力は、創価学会の三代会長にも受け継がれていると感じます。

佐藤　そう思います。たとえば、「十界互具」は創価学会の任用試験で学ぶような教学の基本キーワードですが、それを〝徹して一人を大切に〟という人間主義の理論的土台として解釈したのは、池田会長ならではだと思うのです。

『法華経の智慧』の解説を読めば「なるほど」と理解できますが、そうでなければ、十界互具と人間主義はなかなかストレートには結びつきません。そこにはよい意味での飛躍があります。難解な仏法哲学を、庶民の生きる指針として提示できるのは、池田会長の比喩《ひゆ》の巧《たく》みさ、パラフレーズ（言い換え）の妙があればこそでしょう。

そのわかりやすい説明を生み出す原動力は、「日蓮仏法の根幹を、何とかして庶民一人一人にわからせたい」という会長の熱情なのだと思います。

願兼於業——「人生の劇」を自在に演じる

——この章では、十界互具を論じるもう一つの角度として、「願兼於業《がんけんおごう》」について語られています。願兼於業は「願、業を兼《か》ぬ」と読み下して、「悪道・悪世に苦しむ人を救うため、自《みずか》ら願って悪道・悪世に生まれてくること」を意味します。元は妙楽大《みょうらくだい》師《し》が『法華文句記《ほっけもんぐき》』で、法華経法師品《ほっしほん》の文を解釈した箇所に出てくる言葉です。

佐藤 『新・人間革命』などにも出てくるので、私も言葉としては知っています。

修行によって大きな福徳を積んだ菩薩《ぼさつ》は、本来なら次の人生で何不自由ない安楽な境涯に生まれてくるはずなのに、あえて自ら願って悪世に生まれ、悪業を積んだ人と同じ苦難の姿を示す。そして、信心でその苦難を乗り越える姿を見せることによって、同じような苦難に直面している人々の希望となり、その人々を救っていく。つまり、菩薩が民衆救済のために、あえて苦しみの境涯に願って生まれてくる……そういうことだと理解しています。

池田会長がよく言われる、「宿命を使命に変える」という言葉は、この願兼於業の法理を踏《ふ》まえたものですね。

——その願兼於業が、この章では「御義口伝《おんぎくでん》」の一節「三十四身を現じて十界互具を顕《あらわ》したまい、利益《りやく》・説法するなり」（新版一一一六ページ・全集八〇一ページ）を通して語られています。

法華経妙音菩薩品《みょうおんぼさつほん》に説かれる「妙音菩薩」は、人々の悩みや機根《きこん》に合わせて三十四種類のさまざまな姿に変わって法を説いたとされます。あるときは将軍、あるときはバラモン、あるときは資産家、あるときは女の子や男の子……実に多様な姿が例として挙げられています。その変幻自在な様子を、〝本来は菩薩であるのに、十界のさまざまな姿を示して人々を正しい信心に導いていく〟願兼於業の実践として捉えたわけです。

佐藤　一般に、「業」はネガティブな印象が強い言葉ですね。「過去世で悪業を積んだから、今の人生で苦しんでいるんだ。それは仕方ないんだ」というふうに、つらい宿命をあきらめさせるために用いられることが多い。それに対して創価学会では、「人々を救うために苦難の姿を演じているだけだ。自ら願ってこの苦難を選んだのだ」とポジティブに捉える。学会員の皆さんの前向きな生き方の、一つの根源を見る思いがします。

――この章では、一人の在日韓国人女性の人生が例として取り上げられています。その女性は一九四五年八月に広島で二次被爆をし、差別と被爆の後遺症に苦しんで生きてきました。その後、創価学会に入会し、「願兼於業」の法理を知ったとき、心から納得できたといいます。そして、池田会長の指導を学ぶうちに、「在日韓国人被爆者である私にしかできない、平和への貢献があるはずだ。使命を果たすために、もっと勉強しよう！」と決意し、夜間中学、定時制高校を経て広島大学の二部で学ぶのです。そして、六十二歳という年齢で卒業を果たし、その後は平和の語り部《べ》として縦横無尽《じゅうおうむじん》に活躍されていきました。『法華経の智慧』には名前が書かれていませんが、この女性は張福順《チャンボクスン》さんという方で、その半生は『オモニの贈り物』（潮出版社／一九九九年）という著書にまとめられています。

佐藤　張福順さんは信心する前、「なぜ私が、韓国人として差別を受け、そのうえ、被爆しなければならなかったのか」と、ずっと疑問に思っていたそうですね。彼女がもしも創価学会ではなく既成仏教に入信していたなら、「それは過去世の行いによるのだから、自業自得だ」と思わされていたかもしれません。

そのように、一般仏教の「業思想」には、差別肯定の思想、差別される側にとってはあきらめの思想になりかねない危《あや》うさがあります。しかし、法華経に説かれ、創価学会のなかで研ぎ澄まされた願兼於業の思想はそうではない。宿命を嘆き悲しみ、あきらめるのではなく、それを使命に昇華して前進することを教えるのです。

そのように「宿命を使命に変える」姿勢が、学会員の皆さんの生き方の土台にあることを、私も親交のある会員の姿を通して肌感覚で理解できます。

それから、妙音菩薩が示した三十四種類の姿のなかに、将軍やバラモンがあるということに、私は深い意味を感じます。将軍は今で言えば職業軍人であり、バラモンは今で言えば他宗教の幹部に相当しますね。つまり、法華経は軍人や他宗教の幹部という立場も否定せず、そのような立場でも仏界を顕すことができると考えるわけです。

——なるほど。たとえば一部の偏狭《へんきょう》な思想の持ち主であれば、軍人という立場自体を頭ごなしに否定するかもしれません。しかし、創価学会にはそのような偏狭さがないのでしょう。どんな立場の人も成仏《じょうぶつ》できるし、また果たすべき使命があると捉えるのです。

佐藤　十界互具や願兼於業という法理が根底にあるからこそ、そのように柔軟な捉え方ができるわけですね。また、「人生はドラマであり、私たち一人一人はそれを演じている」ということは一般世間でもよく言いますが、創価学会の場合はそれが十界互具に裏付けられている点が根本的に違いますね。池田会長が次のように語られているとおりです。

「十界のさまざまな姿を現しながら、最後は勝利の姿を示して、人々に『妙法の偉大さ』を教えていく。その人は、十界のドラマを演じる〝名優〟です。その人生はまさに『卅《さんじゅう》四身《ししん》を現じて十界互具を顕し給《たま》い』の姿に通ずる」（中巻四四七ページ）

そのように、「最後は勝利の姿を示す」「自分には果たすべき使命がある」という強い確信があるからこそ、学会員の皆さんは宿命を嘆き悲しむのではなく、それを乗り越えようとするのですね。

生命の「基調」を変える人間革命

――この章では、「人間革命」についても十界互具の観点から論じられています。仏の生命のなかにも、菩薩以下の九界が厳然とある。また、今は地獄界や餓鬼界《がきかい》などの苦しみに沈んでいても、その人の生命のなかには菩薩界も仏界もある。そのように十界互具の生命にとって、人間革命とはどのような意味を持つのかが語られているのです。

佐藤　そうですね。池田会長がそのことを、「生命の『基底部』」という表現で語られているのが、とても新鮮でした。

「一つのとらえ方として、生命の『基底部』を考えたらどうだろう。『基底部』とい

うのは、同じ人間でも、地獄界を基調に生きている人もいれば、菩薩界を基調に生きている人もいる。(中略)

いわば、生命の『くせ』です。これまでの業因によってつくりあげてきた、その人なりの『くせ』がある。(中略)

バネが、伸ばした後もまた戻るように、自分の基底部に戻っていく。地獄界が基底部といっても、四六時中、地獄界のわけではない。人界になったり、修羅界《しゅらかい》になったりもする。(中略)

しかし、修羅界を基底部にする人は、一時的に菩薩界を現出しても、また、すぐに修羅界に戻ってしまう。この基底部を変えるのが人間革命であり、境涯革命です」(中巻四四九〜四五〇ページ)

これは、「人間革命」という理念の非常にわかりやすい解説だと思います。「人間革命」といっても、ある人が別の何かに変わるわけではない。その人のありのままの姿で、生命の基底部が変わるからこそ生き方が変わり、生き方が変わるからこそ宿命が転換できると説くのです。

生命の基底部、あるいは生命の「くせ」という言い方が、実に言い得て妙だと思います。十界互具である以上、九界を消し去ることはできない。しかし、基調やくせが変われば生き方が変わるのだ、と。

――創価学会があらゆる職業を差別せず、今はどんな立場にあっても成仏できると捉えるのも、一つには「十界互具であり、誰しも人間革命できる」と考えるからこそですね。

佐藤　たとえば暴力団に身を置いていた人は、修羅界を生命の基底部とする生活を続けていたわけです。そういう人であっても、信心していくことによって生活を改め、もともと強かった修羅界の生命を、正しい怒り、正しい戦いに向けていくことができるようになるということでしょうか。

「桜梅桃李《おうばいとうり》」（衆生《しゅじょう》の多様な生命そのもの、また個々人の個性や使命を桜・梅・桃・李《すもも》に譬えたもの）を思い出します。

「桜梅桃李の己々《ここ》の当体を改めずして」（新版一〇九〇ページ・全集七八四ページ）と御書にあるように、桜は桜、梅は梅のまま、今の自分のまま、自分のなかのよい部分を最大限に引き出すことができると説くわけですが、人間革命もそれと同じなのだなと感じます。

そう考えると、人間革命というのは特別で劇的な変化というより、創価学会のなかに身を置いて地道に活動をし、日々勤行《ごんぎょう》・唱題《しょうだい》を重ねていくうちに、薄紙を剝《は》ぐように少しずつなされていくものであるような気がします。もちろん、ある大きなきっかけで劇的に変わる人もいるのでしょうが……。

また、人間革命をしていくためには、創価学会の組織が死活的に大切なのだと感じます。

近年の「ソーシャル・キャピタル（社会関係資本＝人とのつながりを通じて得られる資本）」研究では、どんな集団のなかに身を置いて生きるかが、人の健康や幸福を大きく左右することがわかっています。その集団のなかに形成された「規範（ノーム）」に、人は強い感化を受けるからです（藤原武男『医学からみた「幸福は人に伝わる」』潮出版社)。

——ことわざに言う「朱《しゅ》に交われば赤くなる」の、現代的言い回しのようなものですね。

佐藤　はい。そして創価学会は、成員の大部分が前向きで、苦難に負けない強さと社会のために尽くそうとする利他《りた》の心を持った、最良質のソーシャル・キャピタルと言えます。だからこそ、創価学会のなかに身を置いて、学会員の皆さんと日々交流することによって、自《おの》ずと生命の基調が菩薩界・仏界に近づいていくのだと思うのです。そのことが個々人の人間革命を助けるのでしょう。

社会の基底を仏界に変えていく

――「生命の『基底部』」という話が、この章ではさらに展開され、広宣流布論《こうせんるふ》になっていきます。

佐藤　ええ。「生命の基底部を仏界にしていくためには、根本は勤行・唱題ですね」という問いに対して、池田会長は次のように答えています。

「仏の生命と一体になる荘厳《そうごん》な儀式です。この勤行・唱題という仏界涌現《ゆげん》の作業を繰り返し繰り返し、たゆみなく続けていくことによって、我が生命の仏界は、揺るぎなき大地のように、踏み固められていく。その大地の上に、瞬間瞬間、九界のドラマを自在に演じきっていくのです。

また社会の基底を仏界に変えていくのが広宣流布の戦いです。その根本は『同志を増やす』ことだ」（中巻四五二ページ）

これは、二つの意味で重要な一節だと思います。まず、勤行・唱題の意味が根源的な次元から語られている重要性です。それは「我が生命の仏界」を踏み固める作業だと、池田会長は言うのです。生命は常にいろんな縁《えん》によって紛動され、九界を揺れ動いていています。だから、自分の生命の基底部を仏界にするためには、日々の勤行・唱題を積み重ねることによって踏み固めることが必要だということです。

もう一つの重要性が、創価学会／ＳＧＩの根本目的である広宣流布について、その根源的な意義を明らかにしている点です。それは「社会の基底を仏界に変えていく」戦いなのだと、池田会長は喝破《かっぱ》しています。

人間革命の意味が、「生命の基底部を菩薩界・仏界に変えることだ」と説明されるとよくわかるように、「社会の基底を仏界に変えていく」と言われると、広宣流布の意義がよくわかります。

——小説『人間革命』の「はじめに」の名高い一節「一人の人間における偉大な人間革命は、やがて一国の宿命の転換をも成し遂《と》げ、さらに全人類の宿命の転換をも可能にする」を彷彿《ほうふつ》とさせますね。

佐藤 はい。同じことを言葉を変えて言っているのだと思います。個人の人間革命の積み重ねが、やがては全人類の宿命転換につながっていく。同様に、一人一人の生命の基底部が仏界に変わっていけば、やがては社会の基底が仏界に変わっていく……これは広宣流布の意義の説明として卓抜《たくばつ》だと思います。

――その説明においても、十界互具が重要になるわけですね。

佐藤 そうです。十界互具だからこそ、成仏してもほかの九界が消えるわけではありません。成仏したからといって、病気にならないわけではないし、悩みがなくなるわけでもない。釈尊《しゃくそん》の死因が食中毒であったという説があること自体、その象徴的な例でしょう。仏もやはり人間なのです。

しかし、成仏するということは、生命の基底部が仏界になって揺るがないということですから、病気になろうと苦難に遭《あ》おうと、何ら動じないわけです。常に絶対的幸福境涯に立っている。また、悩みがあっても、それは「どうやったらあの人を救えるだろうか？」などという高次の悩みであり、その悩みによって幸福が崩されるわけではない。

同様に、広宣流布しても、この世から悪人がいなくなるわけではないし、人類が直面する苦難が消え去るわけではないでしょう。それでも、社会の基底が仏界になれば、人類は難に負けない強さを持ち、根源的な意味で安穏《あんのん》な社会が現出する……そういうことなのだと思います。

6

「よく生きる」ために死を見つめる思想

『池田大作研究』は「闘う言論」

――本題に入る前に、先ごろついに発売された佐藤さんの大著『池田大作研究――世界宗教への道を追う』(朝日新聞出版)について、ここで一言いただければと思います。

佐藤　はい。同書は週刊誌『アエラ』の全四十三回にわたる同名連載に加筆したものになります。全五九〇ページ近いので、一般的な単行本と比べれば優に二冊分のボリュームです。

——出所不明な伝聞情報のたぐいは参考にせず、あえて創価学会の公式情報のみに依《い》拠《きょ》して執筆したと言われていましたね。

佐藤　はい。創価学会公式サイト「SOKAnet」内の情報と、池田会長の自伝『私の履歴書』、それに「創価学会の『精神の正史』」とも呼ばれる『人間革命』『新・人間革命』全巻が、主要な参照資料です。そういう形を取ったのは、創価学会のような巨大教団の場合、公開情報で嘘《うそ》をつくことは原理的に難しく、実は公開情報こそ信憑性《しんぴょうせい》が高いからです。

とはいえ、そうした姿勢が一部の人たちからは理解されず、「佐藤優は創価学会に取り込まれている」などという批判を浴びることは、もとより覚悟のうえです。

——本文には、「本書に『闘う言論』という姿勢で筆者は臨んでいる」という一節がありますね。批判を恐れていては、「現下の日本と世界に強い影響を与え、世界宗教化している創価学会を理解することができない」(『池田大作研究』一八七ページ)と……。

佐藤 そうです。ただ、今のところ表立った批判は目にしていません。本を読みもせずに印象だけで貶《おとし》めるような非難はありますが、内容をきちんと読んだうえで「佐藤の主張はここが間違っている」というような真っ当な批判もまだ皆無《かいむ》です。創価学会員以外の読者にも、おおむね好評のようです。

それと、ここでぜひ述べておきたいのは、『池田大作研究』は、本書で皆さんと語り合い、思索《しさく》したことが一つの大きなベースになっているということです。すでに四年以上にわたって『法華経の智慧《ちえ》』を熟読し、そこから池田思想を論じてきたわけですが、そのベースがあったからこそ、学会員ではない私が『アエラ』誌上でも自信を持って池田会長を論じられたのです。本書の大きなテーマの一つも、『法華経の智慧』を通じて創価学会の世界宗教化を考えることにあるわけで、その点も

『池田大作研究』と通底しているのです。

――そう言っていただけると、誠にありがたいです。

佐藤 それともう一点、『池田大作研究』については、巻末に「創価学会会憲《かいけん》」の全文を付録としてつけたことも、大きな意義があると思っています。朝日新聞出版から出た本に掲載されたという意味でもそうですが、実は学会側から公刊された一般書籍のなかにも、これまで会憲全文を掲載したものはないように思うので。

――言われてみればそうですね。「SOKAnet」には載っていても、書籍には未掲載です。会憲の重要性は、これまでも佐藤さんが何度か指摘してこられました。この本に全文が掲載されたことで、一般の目に触れる意義のみならず、学会員の読者にとってもあらためて会憲をじっくり読むよい機会になりそうです。

神秘主義を避け、現実的に死を語る

――それでは、本題に入ります。『法華経の智慧』、「如来寿量品《にょらいじゅりょうほん》」の読み解きが続きます。今回から、死後の生命について、科学と仏法の両面から論じられた部分に入っていきます。

如来寿量品は釈尊《しゃくそん》の「永遠の生命」が明かされる章ですから、〝永遠の生命について論じる以上、死後の生命についても論ぜざるを得ない〟ということで、この章に死の問題が組み入れられているのだと思います。『死後の生命』への証言――臨死《りんし》体験を考える」という見出しの部分（中巻四五八〜四八一ページ）です。

佐藤 死の本質は「不可逆性《ふかぎゃくせい》」にあります。つまり、「一度死んだら生の側には戻ってこられない」ということが、死の端的《たんてき》な定義であるわけです。逆に言えば、生きているわれわれは決して死を体験できないのです。その定義に照らせば、いわゆる「臨死体験」は死そのものではありません。生の側に戻ってきているのですから。
とはいえ、死を体験できない以上、死を科学的視点から直接論じることは不可能です。だからこそ、科学は臨死体験を通して死を論ずるしかない。また、哲学や文学は、自分の死ではなく他者の死を通して死を語るしかない。そこに、死を論ずることの本質的な難しさがありますね。

――この章の導入部では、池田会長がユング（スイスの心理学者・精神科医）の自伝に書かれた彼の臨死体験に言及しています（中巻四六一ページ）。

佐藤　臨死体験を論じた他の人の著作も数多くあるなかで、池田会長がここであえてユングの自伝に言及したことに、私は一つの明確な意思を感じます。というのも、ユングはキリスト教神学との関係も深い人物であるからです。
つまり池田会長は、臨死を論ずるに当たって、ヨーロッパ的な叡智《えいち》、キリスト教世界の叡智の視点を、そこに加えようとされたのでしょう。そのためにユングが選ばれた。それは〝私たちは東洋的・仏教的視座《しざ》には偏《かたよ》っていない〟という意思表示であり、創価学会が世界宗教化する時代のテキストとして構想された『法華経の智慧』ならではの配慮を感じます。

池田会長が一九七三年に創価大学で行った講演「スコラ哲学と現代文明」を私は重要な出来事として認識していますが、あの講演がそうであったように、会長には、ヨーロッパの知的遺産の勘所《かんどころ》をうまく押さえて、自《みずか》らの知的営為《えいい》のなかに取り込んでいく独特の鋭さがあります。本章におけるユングの引用も、その一例です。

――なるほど。ユングの臨死体験は、欧米のキリスト教徒の間でも肯定的に捉《とら》えられているのですか。

佐藤　捉えられています。ちなみに、ユング心理学とキリスト教神学の関係については、宗教心理学者でユング派精神分析家であった樋口和彦さんの著作『ユング心理学の世界』（創元社）を読むとよくわかります。二〇一九年に復刊されたときには、私が帯に推薦の辞も寄せました。名著です。

それから、死についての神学的考察のなかで定番になっているのは、エバーハルト・ユンゲルというドイツのプロテスタント神学者の『死――その謎と秘義』という著作（邦訳・新教出版社）です。

――それらの著作では、死後の世界をキリスト教神学者がどう捉えるかということも論じられているのでしょうか。

佐藤　もちろん。キリスト教神学も、独自の視点で死について深く考察を重ねてきたのです。そして、その視点からこの章を読んでみると、池田会長の死についての考察には、神学的考察と近いものが感じられます。

今回学ぶ章における、池田会長の死の捉え方で特徴的なのは、神秘主義的な観点を極力避けている点です。一般に、宗教家が死について語る場合、「凡夫《ぼんぷ》にはわからないだろうが、死後の世界は確実にあるのだ」という、〝見てきたような上から目線〟

になりがちです。つまり、聞く側に「まず跳べ！」と、神秘主義的飛躍を前提として要求する語り口です。しかし、池田会長は決してそんなふうには語らない。死後の世界があるかないか、それは検証不可能であるという、一般的な現代人と同じ意識から論を進めているのです。

もちろん、池田会長は「三世《さんぜ》の生命観」に立つ仏法者ですから、心のなかでは死後の世界の存在を確信しているだろうと思われます。本章でも、次の一節にはそれが感じ取れます。

「**『死後の世界』**があるのかないのか。あるとしたら、どうなっているのか。**これは、ある意味で、宇宙探検以上に価値がある、人類の最大課題でしょう。その答えいかんによって、人類の生き方そのものが一変する可能性が高いからです**」（中巻四六一ページ）

これは明らかに、死後の世界の存在を信じている人の発言でしょう。なぜなら、もしも死後の世界がないとしたら、それは現代人の刹那《せつな》的・享楽《きょうらく》的な生き方を助長するだけであって、「人類の生き方そのものが一変する」ことはないと思われるからです。

池田会長は、心中ではおそらく死後の世界の存在を確信していながら、そのことを前提として論を進めることを注意深く避けているのです。神秘主義ではなく、庶民の素朴な現実感覚から死を論じている。「死とはどういうものか？」ということより、「死についてどう考えることが、人々の生き方にどう影響するか？」ということが重視されているのです。ここにも、創価学会が現実重視の「此岸性《しがん》」の仏教であることが感じられます。

――池田会長の死生観を示した言葉として、まず思い浮かぶのは、会長が一九九三年に米ハーバード大学で行った講演「二十一世紀文明と大乗仏教」で用いられた「生も歓喜、死も歓喜」ですね。この章で語られる死生観も、それと相通ずると思います。

佐藤　おっしゃるとおりです。宗教者が死について語るとき、とかく現実逃避の色合いが濃い話になりがちですね。「この世は苦しみに満ちた穢土《えど》だから、苦しみのないあの世を夢想することで心を癒《い》やす」というようなものです。しかし、池田会長が死を論ずるとき、そのような逃避の色合いは絶無《ぜつむ》です。むしろ、〝臨終《りんじゅう》は人生の総決算であるからこそ、よりよく生きるために死に目を向けるべきだ〟という視座が共通している。つまり、死を考えることと生き方を考えることが、不即不離《ふそくふり》の関係になっている。

しかも、死を論ずるに当たっては、仏教的視座のみに偏るのではなく、学際的に、あらゆる宗教、あらゆる学問分野の知見が総動員される。そのなかに、ユングの臨死体験も一つの補助線として用いられる……今回から学ぶ章は、紙数的には短いですが、内容は非常に濃密な〝死と生の哲学〟になっていると感じます。

死を考え抜くことで死を超克する

佐藤　今回の章を予習するなかで私が想起したのは、『池田大作研究』でも一章を割いて論じた「大阪事件」のことです。というのも、池田会長がこれまでの人生のなかで最も真剣に死について深く思索したのは、大阪事件における獄中《ごくちゅう》ではなかったかと私が想像するからです。それには二つの意味があります。戸田会長の死と、池田会長自身の死です。

周知のとおり、大阪事件の取り調べにおいて、若き日の池田会長は一度は検察側の主張を認めます。それは、検察が戸田会長の逮捕をちらつかせたためでした。すでに衰弱《すいじゃく》していた戸田会長が逮捕・拘束されれば、生命にも及びかねない。だからこそ、池田会長は煩悶《はんもん》の末、戸田会長を守るために断腸《だんちょう》の思いで一度は検察の思惑に沿った供述をした。そして、後に裁判闘争で無罪を勝ち取るのです。つまり、池田会長が戸田会長の死について最も切実に思い悩んだのは、実際の死が迫った最晩年よりも、むしろあの獄中だったのではないかと思うのです。

また、もう一つの池田会長自身の死とは、自殺を考えたという意味ではありません。そうではなく、捜査当局によって逮捕されると、人間は「死ねたらどんなに楽だろう」という抑えがたい思いに囚《とら》われるものなのです。私自身、〝鈴木宗男事件〟に連座して逮捕されたとき、そう思いました。私はキリスト教徒ですから、自殺するという選択肢は最初から排除されていました。それでも、やはり「死ねたら楽だろう」という思いを抑えられませんでした。もしかすると、池田会長にもそういった感情が湧いてきたことがあったのではないかと思うのです。

池田会長の『人間革命』第十一巻「大阪」の章に、大阪府警に出頭する直前の山本伸一を戸田会長が羽田空港で出迎え、激励する有名な場面があります。

「絶対に死ぬな、死んではならんぞ」「もしも、もしも、お前が死ぬようなことになったら、私も、すぐに駆けつけて、お前の上にうつぶして一緒に死ぬからな」と……。

この場面を読んで、「逮捕されても殺されることなどあり得ないのに、随分大げさで芝居がかった言葉だな」と感じた読者もいるかもしれません。しかし、獄中生活を経験した私には、この場面が決して大げさではないことがよくわかります。戸田会長も、自らがかつて特高《とっこう》警察に逮捕されて獄中生活を経験しただけに、死を意識せずにいられない獄中生活の過酷《かこく》さがよくわかっていたのです。

おそらく池田会長は、若き日の大阪事件における獄中闘争のなかで、死について思索し抜き、そのことで死を超克《ちょうこく》されたのだと思います。だからこそ、「生も歓喜、死も歓喜」という透徹《とうてつ》した死生観に達することができたのでしょう。

——佐藤さんにしかできない深い読み解きだと思います。

佐藤　『法華経の智慧』のこの章にも、そうした池田会長の経験が反映されているのです。獄中生活に限ったことではなく、死を強く意識する体験が、人の生き方を一変させる。それも、多くの場合はよい方向に変え、それまでの刹那的・享楽的な生き方をやめる契機となる。死を強く意識する体験は、その意味でよき生き方に直結している……そのような死生観が、章全体に満ちています。たとえば、次のような一節にそのことが示されています。

「〝臨死〟というのは、もちろん死そのものではない。しかし、『死』というものを強烈に自覚する契機となっていることは間違いがないでしょう。

その結果、臨死体験をした人の多くは、それまでの生き方を一変させている」（中巻

四六二ページ）

「釈尊も生まれてまもなく母を喪《うしな》い、幼いころから死について考えていた。大聖人も幼少期から『死』を見つめておられた。（中略）『臨終』とは、『山頂』に譬《たと》えられるかもしれない。人生という山登りを終えた、その地点から振り返って、初めて自分の一生が見渡せる」（中巻四六五ページ）

日蓮大聖人の名高い言葉に「されば、まず臨終のことを習って後《のち》に他事を習うべし」（新版二一〇一ページ・全集一四〇四ページ）とあるとおり、死を考え抜くことで死を超克し、よき生き方を見いだすという智慧が、この章にはさまざまな角度から語られています。

信仰と科学の相互作用

――先ほど、池田会長は死について語るときにも神秘主義に陥《おちい》らないという話がありました。しかし、当然のことながら、科学的検証のみから死は論じられないわけで、信仰の側面からの死も論じています。

佐藤　池田会長には、モスクワ大学総長も務めた理論物理学者のアナトーリ・A・ログノフ博士と編んだ『科学と宗教』という対談集があります。それなどを読んでもよくわかりますが、池田会長は科学と宗教を対立的に捉えてはいないですね。むしろ、信仰と科学の相互作用を重視しておられる。信仰が深まれば科学に対する見方も深まり、科学の進歩は信仰を毀損《きそん》するのではなく、むしろ信仰を強める方向に作用する……そのように捉えていると感じます。

――そうですね。トインビー博士との対談集『二十一世紀への対話』では、そうした関係性を「相互補完」という言葉で表現していました。

佐藤　池田会長はよく、〝科学の叡智も仏法の全体観と比べれば部分観である〟という言い方をされます。しかし、この連載の前々回（本書第四章）でも論じたとおり、大乗仏教には「部分即全体」という生命観がありますから、〝部分観だから劣っている〟ということではない。むしろ、仏法の智慧と結びつくことによって、科学も深まっていく。それぞれに役割があるのです。

――戸田会長はよく、「科学が進歩すればするほど、仏法の法理の正しさが証明される」と語っていたと言います。それは、戸田会長、池田会長のみならず、創価学会の持つ科学観と言えると思います。

佐藤　そうですね。科学を意味する英語「サイエンス（science）」は、知識・知を意味するラテン語「スキエンティア（scientia）」に由来します。したがって、科学は漢字で示すなら「知」です。

それに対して、仏法は漢字で示すと「智」です。「智」には、「人間の苦悩・煩悩《ぼんのう》を乗り越えるための真理を悟《さと》ること」や「物事の正しいあり方を認識・判断するための精神作用」という意味があります。つまり、単なる「知」にはとどまらない。どちらが上だという優劣関係ではなく、役割の違う二つの知がある。

科学と信仰が相互作用によって深まっていくというのは、言い方を変えると「『知』から『智』へ」ということです。知と智が結びつくことによって、両者ともいっそう深まる。

『法華経の智慧』という書名には、まさにその「『知』から『智』へ」という相互作用が含意《がんい》されていると私は感じます。法華経という大乗仏教の精髄《せいずい》を、仏教的視座のみならず、自然科学から社会科学までの広義の科学的視座からも自在に論じていく。そのことによって、法華経の智慧をより広い世界に解き放つ……そのような書物として構想されているのだと思います。

そして、死という大テーマについても、仏教的視座と科学的視座の双方からアプローチすることで、よりわかりやすく、より現実に即した形で論じることができる。『法華経の智慧』のこの章は、まさにそのような内容になっていると感じます。

7

現代人の生死観を転換させる戦い

「心脳問題」を仏法はどう捉える?

佐藤　『法華経の智慧《ちえ》』は約四半世紀前に連載されたものですが、死についての深い洞察は、今読んでも少しも古びていないと思います。たとえば、今も脳科学の重要な論点になっている、いわゆる「心脳問題」についても論及されています。

――「脳の働きと心の働きは同じものなのか、それとも違うのか?」という問題ですね。

佐藤　はい。もともとは哲学の分野で長年論じられてきたテーマですが、脳科学が長《ちょう》足《そく》の進歩を遂《と》げるなかで、科学の問題にもなってきました。臨《りん》死《し》や脳死の問題とも密接に関連するので、死について考えるためには「心脳問題」は避けて通れません。

脳科学（神経科学）者には、心と脳を同一視する立場の人が多いようですね。つまり、「脳科学が今後さらに進歩していけば、すべての心の働きは、脳の神経活動として説明できるようになる」と考える立場です。要は、「心なんてものは、実は存在しない。それは結局のところ、脳内現象、ニューロン（神経細胞）の発火にすぎない」という冷めた見方ですね。

――次元は異なるかもしれませんが、「ただ心こそ大切なれ」（新版一六二三ページ・全集一一九二ページ）と、常に「心」を重んじてきた日蓮仏法の立場からは、相いれない主張のように思えます。

佐藤　私の考えとも相いれません。「心の不在」は、自然科学の見方に偏《かたよ》った極論であり、科学が陥《おちい》りやすい行き過ぎた「要素還元主義」（細かく部分に分けて考えれば、本質が突きとめられると考える立場）だと思います。

池田会長も、心と脳を同一視する考え方を、次のように明確に否定されています。

「心と身体、なかんずく心と脳が密接な関係にあることは明らかです。しかし、だからといって心の存在が脳の中に限定されると言えるのかどうか。（中略）心と脳は切り離せない。その意味では『不二《ふに》』です。しかし不二ということは、同じものということではない。

『而二《にに》不二（二にして、二でない）』が実相《じっそう》です。心という『心法《しんぽう》』と、脳内現象という『色法《しきほう》』は、別のものでありながら（二にして）、しかも一体で活動する（不二）というのが仏法の見方です。いわば、脳は心の働きが顕在化する『場』であり、『心の座』とも言えるのではないだろうか」（中巻四七八〜四七九ページ）

ここでは、「色心不二」（物質・肉体面の働きと心の働きが、別のものであるようで、実は分かちがたく関連しているということ）という仏法の法理を用いて、脳科学者たちの「心の不在」論が否定されています。「而二不二」という仏法の法理を取り入れることによって、「0か1か」「全か無か」というような二極思考に陥らない中道的な解釈が成り立っている。まさに仏法の智慧です。

私はこの池田会長の見方こそ、「心脳問題」についての正しい回答だと感じます。この見方を前提として持ったうえで、脳科学の最先端の知見に触れたらよいと思います。そうすれば、「心なんてない」という極論に陥ることもないわけです。要するに、「脳科学では生命は捉《とら》えきれない」ということです。いや、脳科学に限らず、科学の知見だけでは生命は捉えきれないのでしょう。科学を否定する必要はありませんが、科学ですべてがわかると考えるのも間違いなのです。

――佐藤さんは以前、ボンヘッファー（二十世紀ドイツのキリスト教神学者）の「究極的なるものと究極以前のもの」という概念を援用《えんよう》して、政治・学問・仕事などの「究極以前のもの」については科学で判断してよいが、「究極的なるもの」については科学だけでは判断できないと言われました。生命そのものや死の問題と同様に、心も「究極的なるもの」であって、科学だけでは捉えきれないのですね。

佐藤　そう思います。心は見えませんし、計量不可能です。心の探究には、カール・ポパー（イギリスの哲学者）の言う「反証可能性」（科学の理論は、実験や観察の結果によって、批判あるいは否定され得るということ）が担保されていない。心は心で感じることしかできない。だからこそ、心の探究には宗教的視座《しざ》が必要になるのです。

あいまいさに耐える強さ

――それから、この章では「断見《だんけん》」と「常見《じょうけん》」についても論じられています。二つとも、いわゆる「外道《げどう》の六十二見」の一つです。

佐藤　「六十二見」は、釈尊《しゃくそん》が生きた古代インドにおいて、仏教以外の思想家が説いたさまざまな世界観・思想を六十二種類にまとめたものですね。

――はい。そのうちの一つが、「われわれの生はこの世限りのもので、死んだら断滅する」と説く「断見」です。反対に、「肉体とは別に霊魂のようなものがあり、それは永遠不滅である」とする「常見」を主張する者もいたわけです。

釈尊は、「断見も常見も、物事の一面に執着する邪見である」と説いて、どちらでもない中道――つまり、「有ると言えば有り、無いと言えば無い――これが生命の不思議な実相である」という生命観を説きました。創価学会の生命観も、この章で池田会長が「『常見』も『断見』も、誤りなのです」（中巻四八一ページ）と述べているように、釈尊と同じ認識に立っています。佐藤さんは、キリスト教徒としてのお立場から、「断見」「常見」についてどう感じますか。

佐藤　「断見」も「常見」も偏った邪見だというのはそのとおりだと思いますが、私はどちらかというと「断見」に危険性を感じますね。というのも、ナチズムのような危険思想を生み出すのは「断見」だと思うからです。

ヒトラーもゲッベルス（ナチスの宣伝相）も、他のナチスの高官たちも、「われわれの生命はこの世限りで、死んだら断滅する」と考えていたからこそ、他者の生命を奪うことに躊躇《ちゅうちょ》がなかった。それが、アウシュヴィッツ等のホロコーストの暴虐《ぼうぎゃく》につながったわけです。他方、「死んだらすべてが終わる」と考えていたから、自分の生命にもあまり執着がなかった。だからこそ、ヒトラーもゲッベルスもあっさりと自殺しています。「断見」の孕《はら》む危険性が、最も極端かつ醜悪《しゅうあく》な形で示されたのが、ナチスの所業だったのだと思います。

――『法華経の智慧』には、「『断見』が、多くの現代人の生死観だと思います」（中巻四八〇ページ）との一節があります。生死観の偏りが、現代のさまざまな社会病理に結びついているのかもしれませんね。

佐藤　ええ。断見にはそういう恐ろしさがあります。

それから、釈尊や創価学会が、断見でも常見でもない中道の生死観を持っていることは、私には「あいまいな状況に耐える強さ」に思えます。

――と、おっしゃいますと？

佐藤　人間は、白黒つかない、はっきりした結論の出ない状況を本能的に嫌うものだと思うんです。だからこそ、たとえば社会問題について考えるときにも、一方の立場を善と捉え、反対の立場を悪と捉えて、単純な善悪二元論で考えてしまいがちです。そういう図式化・単純化は、人が本能的に陥りやすい認知バイアス（偏り）の一つでしょう。

心脳問題について、多くの脳科学者が「心などない」という立場に固執することも、断見と常見のどちらか一方に固執することも、図式化・単純化でしょう。人の心はあいまいさに耐えられないのです。あいまいさは、ある意味で緊張と不安を心に強《し》いるものだからです。

だからこそ、仏法の叡智《えいち》は、あいまいさに耐えて中道を貫くために、「而二不二」や「〇〇即〇〇」という法理を生み出したのかもしれません。それは、「二にして、二でない」「同じでも別でもない」という、あいまいさをあいまいなまま固定化する東洋的叡智です。あいまいといっても、どっちつかずの優柔不断ではない。あいまいなままで明確な結論になっているのです。そういう見方ができることが仏法者の強さであり、ひいては創価学会の強さでもある。私はそれを「あいまいさに耐える強さ」と表現したわけです。その強さは信仰に裏打ちされています。

――なるほど。

佐藤　私から見ると、創価学会のさまざまなありようのなかには、〝よい意味でのあいまいさ〟がたくさんあるように思えます。

たとえば、広宣流布大誓堂《こうせんるふだいせいどう》は、創価学会会憲《かいけん》を見ると「中心道場」とは書かれていますが、それは他宗でいう「本山」に相当する中心なのか、それともそうした中心は存在しないのか。あえて断定した書き方をしていないように思います。でも、学会員の皆さんは、そのことを何ら不自然とは感じていないようです。そんなところにも、「あいまいさに耐える強さ」を私は感じるのです。

――それを「学会の強さ」と捉えるところが、佐藤さんならではの見方だと感じます。一般的には、あいまいさは「弱さ」としか捉えられないですから。

佐藤　学会の持つあいまいさは弱さではなく、能動的・積極的なあいまいさなのです。そうしたあいまいさに耐えられずに極端に走ると、集団として過激化してしまったり、逆に現実に対するあきらめの姿勢になってしまったりします。

たとえば、私と何冊も対談集を編んでいる片山杜秀《もりひで》さん（政治学者・音楽評論家）が、『国の死に方』（新潮新書）という著作で書いていることですが、旧日本軍には「殲滅戦《せんめつせん》思想」しかありませんでした。だからこそ、敵を殲滅させられなかったら、あとは自分たちが玉砕《ぎょくさい》するしかなかった。「殲滅か、玉砕か」という二択しかなく、中道はなかった。それはまさに、「あいまいさに耐えられない弱さ」だったのです。

創価学会は、「過激化」と「あきらめ」というどちらの極端にも走らず、中道を保つために「あいまいさに耐える強さ」を備えているのでしょう。

再び「死」に目を向け始めた現代社会

佐藤　この章を読んでいてふと思ったことですが、『法華経の智慧』が連載された一九九〇年代中盤に比べると、今のほうが、われわれにとって死が身近なものになっていますね。

というのも、一つには、連載から現在までの四半世紀の間に、「9・11」(二〇〇一年のアメリカ同時多発テロ事件)があり、「3・11」(二〇一一年の東日本大震災)があり、現在の新型コロナウイルス禍《か》、さらにウクライナ戦争があり……と、死を意識させる世界的事件がいくつも起こっているからです。また、より根本的なこととして、日本を含む多くの先進国で高齢化が進み、その分だけ死を意識する瞬間が増えたということもあります。

養老孟司《ようろうたけし》さん（医学博士・解剖《かいぼう》学者）が、四百万部を超える大ベストセラー『バカの壁』の次に出した、『死の壁』（ともに新潮新書）という著作があります。そのなかに、献体《けんたい》遺体を高層団地に引き取りに行ったときの体験が書かれています。エレベーターが狭すぎて、棺《ひつぎ》を横にしたままでは入らなかったそうです。そのとき養老さんは、「ここは人が死ぬことを考慮していない建物だ」と感じたとか。

でも、最近造られた高層マンションや団地では、たいてい、棺が入るエレベーターが用意されています。それは高齢化の反映でしょう。高度成長期からの長い間、死を忘れ、死から目を背《そむ》けていた日本社会が、近年になって再び死に目を向け始めた気がするのです。

『法華経の智慧』は、〝現代文明は死を忘れた文明である〟という前提で話を進めていますが、今だったら少し違った受け止め方ができるかもしれません。

――確かに、新型コロナのパンデミックによって、世界中の人々がこれまでよりも死について考える機会が増えたと思います。

身近にある核戦争の恐怖

佐藤　死が身近になってきたという話に関連して、少し時事的な話題にも触れておきましょう。

私は、アメリカ大統領がドナルド・トランプからジョー・バイデンに代わることによって、アメリカと北朝鮮の緊張はいっそう高まると考えています。一般的には、何かとお騒がせな大統領だったトランプのほうが危なっかしいイメージでしょう。しかし、少なくとも北朝鮮との関係については、トランプの対話路線は正しかったし、何とかうまくやっていました。北朝鮮に強硬姿勢で臨みそうなバイデンが大統領に就任してからのほうが、むしろ心配です。

――リベラルなイメージとは裏腹に、意外に排他的で非寛容な面があるのですね。

佐藤　はい。ただ、それはバイデン個人の問題というより、アメリカの民主党という政党が孕んでいる危《あや》うさでもあります。というのも、民主党は「価値観政党」であって、アメリカ的価値観を受け入れる相手とは対話するが、そうではない国や指導者とは対話すら拒むという意固地《いこじ》な傾向があるからです。過去の歴史を振り返っても、米ロ・米ソ関係は、アメリカが民主党政権だった時期のほうが緊張が高まりました。ウクライナ戦争をめぐる米ロ対立も共和党政権だったならばここまで激しくならなかったと思います。

ただ、今は民主党のそうした危うさを指摘する論者が、日本にはほとんど見当たりません。なので、私の仕事のうち、国際政治評論をするときの今の課題の一つは、その点を正しく指摘することなのです。

実は、私が政治・外交評論の仕事をするに当たっても、この連載を通じて池田思想を学んでいることが、大いに役立っています。というのも、池田会長の思想には偏りがなく、日蓮仏法を根底に据えたうえで、哲学・文学・政治・社会・歴史など、あらゆる分野を包含《ほうがん》していく全体性があるからです。真の意味での「学際性」が、そこにはあります。『法華経の智慧』などを通じてその全体性に接するうち、私は、国際政治の動向などを追っているだけでは得られにくい、まったく別の視座から外交や政治を見ることができるようになった気がするのです。

――池田会長がよく言われるとおり、仏法は全体観であり、科学などは仏法から見れば部分観である、と……。仏法的全体観を学ぶことによって、政治や外交といった個別の問題を、より鳥瞰《ちょうかん》的に広い視野から考えられるようになったということでしょうか。

佐藤　まさにそうです。北朝鮮情勢に話を戻します。さる（二〇二〇年）十月に北朝鮮で行われた「朝鮮労働党創建七十五周年」の記念軍事パレードの映像を見て、われわれ専門家は驚いたんです。パレードで披露《ひろう》された新型ＩＣＢＭ（大陸間弾道ミサイル）が、以前のものよりも格段に太くなっていたからです。

――軍事技術が進歩したということですか？

佐藤　はい。太くなっているということは、複数弾頭――つまり核弾頭が二つ以上入っている可能性が高いということです。そうなると、弾頭が一つしかないものよりもずっと撃ち落としにくいのです。

そのように兵器開発が進むなかでアメリカと北朝鮮の緊張が高まれば、核戦争勃発《ぼっぱつ》のリスクは高まります。そして、それは日本にとって決して対岸の火事などではありません。「朝鮮国連軍地位協定」の規定によって、朝鮮半島有事の際は、日本国内の七カ所の在日米軍施設・区域を使用する決まりになっているからです。そして、国内

平壌で行われた軍事パレードに登場した新型大陸間弾道ミサイルとみられる兵器（2020年10月）（コリアメディア提供・共同）

の米軍基地から北朝鮮にミサイルが発射されれば、逆に北朝鮮が日本に向けて核ミサイルを撃つ可能性も当然あるのです。

一方、米中対立も、今後激化する危険性があります。ジョン・ミアシャイマーというアメリカの有力な政治学者は、米中対立が「限定的な核戦争」につながる懸念があると明言しています。具体的には、人のいない海上で中国が示威《じい》的に核兵器を使ってみせる可能性を指摘しているのです。いずれにせよ、バイデン政権になってからのほうが、核兵器が使用されるリスクはむしろ高まるというのが、専門家の見方なのです。

――その意味でも今、死が私たちの身近に迫っているのですね。

佐藤　そうです。だからこそ、日本が東アジアにおいて果たすべき役割は今後いっそう大きくなるし、なかんずく、核兵器を「絶対悪」と規定し、核廃絶運動を牽引《けんいん》してきたSGIの果たすべき役割も、いやまして大きくなるのです。

――先ほどの、ナチズムの根源にも「断見」の生死観があったという話は、北朝鮮に当てはめると怖いですね。

佐藤　はい。北朝鮮を支配しているあの一族が「断見」的な生死観を強め、「偉大なわが民族が滅ぼされるのなら、世界も一緒に滅ぼしてしまえ」と核ミサイルのボタンを押すことも、決して絵空事ではなく、リアルな恐怖としてあり得ます。

そういう悲劇も念頭に置いたうえで、北朝鮮の為政者の生死観を転換させることも、考えていかないといけない。そう考えると、創価学会と価値観を共有する公明党議員に求められるのは、北朝鮮との対決ではなく対話です。たとえ金正恩《キムジョンウン》が冷酷な独裁者であったとしても、よい方向に変わる可能性はあるわけですから。それは広い意味では、日蓮大聖人が「立正安国論」によって鎌倉幕府の為政者の心を転換させようとした戦いと同じです。

北朝鮮に限らず、「『断見』が、多くの現代人の生死観」になっている今の状況を、少しずつ変えていくことが、創価学会／ＳＧＩには求められています。広宣流布の戦いは、一面では「現代人の生死観を転換させる戦い」でもあるのだと思います。

8

「生命の永遠性」を説明するための挑戦

輪廻自体を肯定的に捉える

――ここからは、「死後の生命――宇宙生命との融合」と題された部分（中巻四八二～五一〇ページ）を取り上げます。ここでは、前回までの内容を踏《ふ》まえて、創価学会の死後生命論が真正面から展開されています。

佐藤　私は同志社大学神学部で仏教の「唯識論《ゆいしきろん》」も学びました。今回取り上げる章の後半には唯識論の「阿頼耶識《あらやしき》」などへの言及もあるので、そのころ学んだことを久々に思い出しました。

――生物学でいう「生命」は、当然のことながら、生物が生きている間のみを指します。しかし、仏教における「生命」は、「死後の生命」を想定し、生と死の両方を含めて一体の「生命」と捉《とら》えるところに根本的な違いがあります。

佐藤　死もまた生の一つのプロセスとして考えるのでしょうね。古代インド哲学の「輪廻《りんね》」の思想を仏教も認めて採用したということなのでしょう。ただ、輪廻をどう捉えるかは、初期仏教と法華経では大きく異なるようです。

初期仏教では、輪廻――生と死を繰り返すこと自体を苦しみと捉え、輪廻から解脱《げだつ》する涅槃《ねはん》の境地に達することを成仏《じょうぶつ》と捉えます。もう生まれ変わらないことこそが成仏なのです。

それに対して、池田会長の「生も歓喜、死も歓喜」という言葉（一九九三年の米ハーバード大学での講演「二十一世紀文明と大乗仏教」の一節）が象徴するように、創価学会には輪廻を肯定的に捉える死生観があるようです。

――法華経と爾前経《にぜんきょう》でも、輪廻の捉え方自体が大きく異なります。

佐藤　輪廻自体のなかに衆生《しゅじょう》を救っていく働きがあると捉えるのが法華経の輪廻観で、創価学会もそれと同じ考えに立っているのだと思います。

それと、ここでいう「死後の生命」が、いわゆる「霊魂」とは似て非なるものだということにも注意が必要ですね。章の冒頭に次のような一節があるとおりです。

「仏教の『死後の生命』というと、この霊魂説のことだと思っている人が多いようです。『仏教では霊魂を否定している』と言うと、驚く人が多いようですね」（中巻四八二ページ）

先ほど（本書第七章）触れたように、仏教は「断見《だんけん》」も「常見《じょうけん》」も共に否定しているのです。『法華経の智慧《ちえ》』のこの章を読み解くうえで、前提として押さえておかなければいけないのは次の三点ですね。第一に、ここで論じられる生命は、輪廻の思想を前提とした「死後の生命」も含むということ。第二に、創価学会も池田会長も、輪廻を否定的に捉えていないということ。第三に、ここでいう「死後の生命」はいわゆる「霊魂」を指してはいないこと。その三点を踏《ふ》まえたうえで、読み解きを進めていきましょう。

巧みな比喩で仏の智慧を説明

佐藤　「霊魂」がないなら、どのような形で死後に生命が連続していくのか。その問いに対する一つの答えとして、この章では、個々の生命が死後に宇宙生命に「溶け込む」という説明がなされています。宇宙を一つの生命として捉えるのは創価学会の生命観の大きな特徴の一つですが、その生命観に沿って次のように語られています。

「戸田先生はよく『われわれの生命は、死後、大宇宙に溶け込むんだ』と言われていた。霊魂ではなく、色心不二《しきしんふに》の生命そのものが大宇宙に帰っていく。

大宇宙そのものが、一つの大生命です。大生命の海です。あらゆるものを育《はぐく》み、あらゆるものを生かし、働かせ、死せるあらゆるものを、ふたたび、その腕に抱きとって、新たなエネルギーを与えていく。満々とたたえられた大生命海がある。その海は、つねに動いている。動き、変化しながら『生』と『死』のリズムを奏でている。

私たちの生命も、大宇宙という大海から生まれた『波』のようなものです。波が起これば『生』、また大海と一つになれば『死』です。永遠に、これを繰り返していくのです」（中巻四八三ページ）

ここでは、生と死を一体不二と捉える生命観が、海の波に譬《たと》えられています。「死後の生命は宇宙生命に溶け込む」という考え方の説明としてわかりやすいですし、詩的で美しいイメージでもあります。私は読んでいて感銘を受けました。

われわれは生きている間は自分の死を体験できないわけですから、死は科学的に検証不可能で、比喩《ひゆ》を通して語るしかありません。『法華経』それ自体にも巧《たく》みな比喩が多用されていますが、それを現代的に解釈していく『法華経の智慧』も、巧みな比喩の連続に特徴があります。

――そうですね。この章に限っても、死後の生命がさまざまな比喩を自在に用いて説明されています。海の波もそうですし、テレビの電波や囲碁の対局にも譬えられています。

佐藤 目には見えないテレビの電波が、受像機でチューニングすれば一つの番組として像を結ぶように、宇宙に溶け込んだ死後の生命も「ない」わけではなく、縁《えん》に触れてまた個別の「生」を成す――それが「死から生へ」の変化であるというのが、テレビの電波の比喩ですね。

また、囲碁の対局の比喩とは、名人戦などの大きなタイトル戦で一局の勝負が二日間にわたることを、生命の連続性の譬えに用いたものです。池田会長は次のように語られています。

「初日に決着がつかないと、いったん終わる。これが『臨終《りんじゅう》』に当たる。しかし、翌日には、ふたたび石が、終わった時とまったく同じように並べられて、対局が開始される。これが『次の生』です。連続しているのです。ゼロから始まるのではない。『続き』をやるのです」（中巻五〇二ページ）

これも大変巧みな比喩だと思います。そして、先の海の波の比喩も含めた三つとも、戸田第二代会長も語っていたものです。ただし、戸田会長はラジオの電波に譬えていたのに対し、時代の変化に合わせて『法華経の智慧』ではテレビの電波に置き換えられています。

池田会長も比喩が巧みですが、それは師である戸田会長から受け継いだものと言えるかもしれません。「仏法の深淵《しんえん》な真理を、庶民にもわかりやすく説明するにはどうすればよいか？」ということを、考えに考え抜いた末に生み出された比喩なのでしょう。「法華経の七譬《しちひ》」（「三車火宅《さんしゃかたく》」「長者窮子《ちょうじゃぐうじ》」など、法華経に登場する七つの譬え話の総称）がそうであるように……。

そこで注意すべきは、それらの比喩を深く掘り下げて、海水の成分の広がり方やテレビ画面の走査線《そうさせん》の仕組みなどを分析的に検討しても、あまり意味がないということです。

――それらはあくまで比喩であって、死後の生命や生と死の連続性などという仏の智慧を実感させることこそが目的なのですからね。

佐藤　そう思います。そもそも、「生と死のリズム」ということ自体、生命の連続性を音楽のリズムに譬えた一種の比喩と言えます。

――「生と死のリズム」という比喩を最初に用いたのは、おそらく戸田第二代会長だと思います。それを池田会長が受け継ぎ、さらに幅広く展開していきました。

佐藤　池田会長はかねて、「勤行《ごんぎょう》・唱題《しょうだい》は、小宇宙である自分自身を、大宇宙の根本のリズムに合致させゆく崇高《すうこう》な儀式である」（『池田大作全集』第九十巻）と指導されていますね。

――その言葉に、かつて退転者の福島源次郎が噛《か》みついたことがあります。〝勤行・唱題が宇宙のリズムだなどというのは、日蓮大聖人の教えにない外道義《げどうぎ》である〟と……。日蓮正宗《しょうしゅう》宗門も、福島の尻馬に乗って同趣旨の批判をしていました。

佐藤　それこそまさに、「リズム」という言葉が単なる比喩であることを理解できない言いぐさですね。また、あえて深読みをするなら、リズムという言葉に宗門が噛みついてきたというのは、象徴的な話だと思います。

――と、おっしゃいますと？

佐藤　戸田会長も池田会長も、ひいては創価学会そのものも、物事のリズムというものを重んじて、しかるべき「時」を待って戦いを進める柔軟さを持っています。言い換えれば、時代の変化の波に応じて臨機応変に対応を変える賢明さがあるのです。ところが、宗門は物事のリズムをわきまえず、十年一日の硬直化した対応しかできない。そういう印象を私は受けるのです。

――なるほど。

佐藤　検証不可能かつ難解な真理であるからこそ、わかりやすく説くためには洗練された比喩が必要になるわけです。

キリスト教の『新約聖書』にも、数多くの有名な比喩が登場します。それも、イエスが民衆にわかりやすく神の教えを説くために、また比喩の孕《はら》む物語性によって、メッセージをより深く人々の心に留めるために編み出されたのでしょう。

そう考えると、巧みな比喩が多用されること自体、世界宗教の特徴の一つだと思います。世界の民衆に開かれた教えであるからこそ、わかりやすい比喩が必要になるのでしょう。世界宗教は、難解な教理を難解なままにしておかないのです。宗教の言葉というものは、民衆に正しく理解されてこそ〝本物の言葉〟になるのですから。

臨終を「生の総決算」と捉える視点

佐藤 それから、この章を読んで、創価学会員の皆さんが「臨終の相《そう》」というものを重視される理由がよくわかりました。三世《さんぜ》の生命観に立ち、死をすべての終わりではなく次の生への旅立ちと捉えるからこそ、臨終の相を「一つの生の総決算」として重視するのですね。

この章では、日寛《にちかん》上人の「臨終用心抄」(臨終を迎えるに当たっての「用心」が書かれている)の一節「善業《ぜんごう》有れば苦悩多からず」(信心をして善業を積むと死ぬときに苦しまない)を引いて、次のように語られています。

「学会の中には、そういう体験が無数にあります。見事な臨終の相で穏やかに亡くなられている方がじつに多い。病気で亡くなっても苦しまなかったとか、不慮《ふりょ》の事故で

亡くなっても眠るような表情だったという話もよく聞きます」（中巻四八七ページ）

次元は異なるかもしれませんが、キリスト教にも臨終を重視する面があります。キリスト教には仏教のような輪廻転生の考え方自体がありませんが、終末論的な意味合いで死のありようを重視するからです。

イタリアの詩人・ダンテ（1265-1321）
（World History Archive/ニューズコム/共同通信イメージズ）

――そういえば、キリスト教を背景にして生まれたダンテの『神《しん》曲《きょく》』には、地獄・煉獄《れんごく》・天国のありようがそれぞれ詳細に描かれて、人の生きざまが死にざまに直結するという思想が感じ取れますね。

佐藤　そうですね。ただ、『神曲』自体はキリスト教神学のメインストリームから出てきたものではなく、むしろ創価学会のドクトリン（教理）に近い部分もあると思います。

ともあれ、死を「生の総決算」として捉える視点には、洋の東西を問わず共通する面があると思います。その意味で、この章で詳細に語られる創価学会の死後生命観は、仏教思想というよりはヒューマニズム——つまり人間の普遍的な心情に即したものと言えるかもしれません。この章の内容は、キリスト教圏やイスラム教圏でも十分に理解され、受け入れられると思います。

——そこにも創価学会の世界宗教性の一端があるわけですね。

佐藤　むしろ、この生命観と相いれない立場なのは共産主義者です。彼らは根本的に唯物論者であり、死後の生命などというものは認めない立場ですから。

そこで不思議なのは、日本共産党員が、唯物論者であるはずなのに、ごく当たり前に仏教式の葬儀や習俗を受け入れている点です。共産党員が寺の檀家《だんか》になって葬儀に僧侶を呼んだり、子どもの七五三で神社に行ったり、教会で結婚式を挙げたりするのは、考えてみれば不思議な光景です。これがたとえばヨーロッパの無神論者であれば、キリスト教会での結婚式とか、キリスト教式の葬儀などは断固拒否するはずです。

要するに、日本の場合はたとえ共産党員であっても、イザヤ・ベンダサン／山本七平が言うところの「日本教」(「日本人のうちに無意識に染み込んでいる宗教」という意味の造語。外来宗教をすべて「日本化」してしまう点に特徴があるとする) の枠内に身を置いているということでしょうね。

「生命の究極はエネルギー」との仮説

佐藤 仏教は「無我《むが》」を説き、永遠不変の「我」は実体としては存在しないとします。しかしその一方で、死後の生命を認め、生命の永遠性を説いています。この二つの教えは矛盾《むじゅん》しているのではないかとする疑問は、仏教発祥以来の古くて大きな問いです。

この章のなかでひときわスリリングなのは、その根源的な問いに一つの答えが提示されている部分です。池田会長は次のように述べています。

「死後、何が続くのか?——結論を言えば、釈尊《しゃくそん》の答えは『業相続《ごうそうぞく》』でした。現在は過去の行為(業=カルマ)の結果(果報)であり、現在の行為が未来の生の在り方を決定する。つまり、行為(業)の影響が次々に生死を超えて受け継がれていくということです。(中略)

現代人に分かりやすく言うと、『業のエネルギー』が生死を超えて続いていくのです」(中巻四九二ページ)

これは一つには、「業」という言葉につきまとうネガティブなイメージを払拭《ふっしょく》するために、「エネルギー」という現代的な言葉を用いたのだと思います。もっとも、本来「業」という語は価値中立的であり、善業もあれば悪業もあります。しかし、現代人が「業」から一般的に思い浮かべるのは、宿命論的諦観《ていかん》のイメージでしょう。

それに対して、「エネルギー」という語はギリシャ語の「エネルゲイア」を元にした造語であり、それ自体が活力に満ちたイメージを持っています。池田会長がエネルギーの概念を用いて「生命の永遠性」を説明したのは、実に創価学会らしいと思います。

そして語らいのなかでは、物理学の「エネルギー保存の法則」や、ルネ・ユイグ（フランスの美学者・美術史家／生前、池田会長と深い友誼《ゆうぎ》を結び、対談集『闇《やみ》は暁《あかつき》を求めて』を編んだ）の提唱した「かたちと力」の原理などを例に挙げて、「永遠の生命」の説明を試みています。

「エネルギー保存則」は〝不生不滅則《ふしょうふめつそく》〟とも呼ばれるとおり、熱エネルギーが運動エネルギーに変わるなどの変換はあっても、エネルギーそのものが消滅することはありません。そして、いうまでもありませんが、エネルギーは目に見えません。「生命が物理的実体のないまま永遠に続くというなら、その主体は何なのか？」という問いに、それは目に見えない「業のエネルギー」であるとすることで、現代人にも納得のいく説明になっていると感じます。

物質がエネルギーの安定した姿であるように、「**業のエネルギーが、仮に一定の『かたち』をとったのが『生』であり、その『かたち』を崩して、エネルギーの流れ**

そのものとして宇宙の生命流に溶け込んでいくのが『死』」（中巻四九三～四九四ページ）であると説明されています。この章で展開されているのは、不可思議《ふかしぎ》で説明困難な「生命の永遠性」を、できるだけわかりやすく説明しようとする果敢な知的挑戦なのです。

当然、科学的な検証は不可能なことであり、こうした説明自体が一つの比喩ではあるのですが。池田会長も、次のような言葉を加えています。

「**もちろん『業のエネルギー』は『物理的エネルギー』とは違う。色法《しきほう》にも心法《しんぽう》にも影響を及ぼす『潜在的な生命エネルギー』です。だから、あくまで生死の二法の実相《じっそう》を類推《るいすい》する手がかりと考えてもらいたい**」（中巻四九五ページ）

「生命エネルギー」という言い方に変えると、なおさら、創価学会でよく使われるキーワード「生命力」に近い印象になります。

――一般仏教では生命の究極を「無我」「空《くう》」と捉えますが、そうした捉え方は、どうしても受動的・静的でニヒリスティックな生き方に結びつきやすいと思います。それに対して、「生命の究極はエネルギー」と捉えると、一転して、能動的・動的・主体的に生きていこうとするイメージが湧き上がります。

佐藤 そうですね。死後の生命を説明するために「生命エネルギー」という言葉を用いることそれ自体のなかに、創価学会の名の元になった「価値創造」の哲学が潜在している気がします。

一口にエネルギーといっても、マイナスのエネルギーも当然あります。譬えるなら、「あきらめのエネルギー」や「惰性《だせい》のエネルギー」ということになるでしょうか。しかし、池田会長はその生命エネルギーをプラスの方向に考えます。人間革命をし、未来を変革していくための価値創造のエネルギーとして捉えているのでしょう。だからこそ、「生も歓喜、死も歓喜」という池田思想の死生観も生まれてきたのだと思います。

9

九識論と「宿命転換」の論理

業思想の〝あきらめの論理〟を超えて

――引き続き、「死後の生命――宇宙生命との融合」と題された章（中巻四八二〜五一〇ページ）を取り上げます。いよいよ、仏教の「唯識論《ゆいしき》」に言及される後半部分に入っていくことになります。

佐藤　仏教の業《ごう》と輪廻《りんね》の思想は、一般には〝あきらめの論理〟になってしまいがちです。というのも、「今の自分が貧乏や病気で苦しむのも、過去世の自分の行いの報いである」と説くからです。そうした教えは、輪廻を信じない立場の人にとっては、社会の不平等や、社会的弱者に対する偏見・差別を是認《ぜにん》する思想にも見えてしまうでしょう。そこから〝仏教は差別思想である〟と批判する有識者もいるようです。

それに対して、日蓮仏法においては、過去世の宿業を前提としながらも、「罪障《ざいしょう》消滅《しょうめつ》」「転重軽受《てんじゅうきょうじゅ》」などの教義に基づいて、それを変えられると説きます。創価学会でよく使われる言葉に言い換えれば、「宿命転換」「人間革命」ですね。その宿命転換を可能にする一つの根拠となっているのが、唯識論と言えます。

――読者のために、唯識論について簡単に説明しておきます。大乗仏教の唯識論は、部派仏教で主張されていた六種の識（眼・耳・鼻・舌・身・意の六識）に加え、心理学で言えば「無意識」の領域に当たる二つの識を立てました。根源的な自我意識である「末那識《まなしき》」（七識）と、その底にあって根本的な認識を担う「阿頼耶識《あらや》」（八識）です。

佐藤　七識までは人が死ねばその働きが停止するのに対して、八識は三世《さんぜ》にわたって働き続けるとされますね。つまり、前回論じた、生まれ変わってもそれまでの業を背負い続けるという「業の連続性」を、この阿頼耶識が担っているわけです。

「阿頼耶識」については、この章で池田会長が次のように説明しています。

「『**阿頼耶識**』は蔵のように、一切の業がそこに貯蔵されていくわけだね。善業も悪業も、すべてそこに種子として貯蔵されていく。ただ、『**蔵**』というと、業エネルギーとは別に、何らかの容《い》れものとしての実体があるような印象を受ける。

しかし、実際には、業エネルギーの生命流そのものが、八識と言ったほうがいいかもしれない。（中略）

しかも、八識の生命流は、一個人の境涯《きょうがい》を超えて、他の生命の業エネルギーと交流している。

八識という生命内奥《ないおう》の次元では、業の潜在的エネルギーは、家族、民族、人類の潜在エネルギーと合流し、さらには動物、植物といった他の生命とも融合しているのです」（中巻四九八〜四九九ページ）

つまり、八識は個人の生命の奥底にあるが、同時に「一個人の境涯を超えて」、他者の生命――全人類、ひいては人間に限らない全生命と融合している領域だというのです。

ユングが提唱した、「集合的無意識」（個人の無意識の奥底にある、民族や人類などに共通する普遍的無意識）の概念を彷彿《ほうふつ》とさせます。仏教の叡智《えいち》と心理学の叡智が、別のアプローチから期せずして同じ真理にたどりついたということかもしれません。

また、阿頼耶識が「蔵識」と別称されるように、従来はもっぱら「蔵」のイメージで受け止められてきたのに対し、池田会長は「業エネルギーの生命流」という新たなイメージを提示しています。「蔵」というと静的・固定的ですが、「生命流」というと動的で生成的なイメージになります。池田会長らしい比喩《ひゆ》だと思います。

そして、「一人の人間における偉大な人間革命は、やがて一国の宿命の転換をも成し遂《と》げ、さらに全人類の宿命の転換をも可能にする」（『人間革命』第一巻「はじめに」）と説明される人間革命の方程式は、唯識論で言えば「八識」の次元から提唱されているることがわかります。すべての生命が奥底の次元で融合しているとしたら、一人の生命が人間革命を成し遂げることによって波動が広がり、人類の宿命転換も可能だということになるからです。

「人間革命」は宇宙を揺り動かす

——ただ、「八識の次元から悪業を善業に変えればいいのだ」と言われても、何をどうすればそれを変えられるのか、凡夫《ぼんぷ》にはわからないわけですね。

そこで天台宗などでは、阿頼耶識のさらに奥底に「生命の根源である清浄な識」としての九識（阿摩羅《あまら》識）を立てました。創価学会もこの「九識論」の立場を取っています。

阿頼耶識が「染浄《せんじょう》の二法」、つまり迷いの部分と清浄な部分を併せ持つのに対し、九識は「根本浄識」であり、清浄な部分しかないとされます。

佐藤　そうですね。その点について、池田会長は次のように説明しています。

「『マイナス・エネルギー（悪業）からプラス・エネルギー（善業）への転換』――そのためには善業を一つ一つ積み重ねるという方法もある。

しかし、現実的には、石を積んではは自分で崩してしまうようなことになりかねない。とくに、社会の奥底に悪のエネルギーが渦巻いているような時代にあっては、そうでしょう。

そこで、八識をも包みゆく宇宙生命それ自体――第九識といわれる『根本浄識』を触発することによって、一気に、善悪の業エネルギーを『極善』のエネルギーに変えていく方法を教えたのが法華経なのです。（中略）

この根本浄識を触発することによって、個人の善悪の業エネルギーは、すべて価値創造へ向かう。さらには**民族心**（民族意識）、**人類心**（人類意識）をも、慈悲と智慧《ちえ》の**生命流に浸《ひた》していけるのです**」（中巻四九九ページ）

「根本浄識を触発すること」とは、学会員の皆さんの生活に当てはめれば、勤行《ごんぎょう》・唱題《しょうだい》であり、学会活動ということになるでしょう。言い換えれば、人間革命の理論的根拠になっているのが、九識論なのです。
また、一人の人間革命がやがて全人類の宿命を転換するといっても、それは個人レベルの極小の革命が積み重なって、いわば「塵《ちり》も積もれば山となる」ように宇宙大に広がるということとは、違うのではないでしょうか。個々人が自《みずか》らの生命を磨くことによって、最初から「八識をも包みゆく宇宙生命それ自体」に触れるのです。つまり、人間革命とは、最初から〝個人レベルではなく宇宙レベルの革命〟なのだと思います。

――人間革命というのは「個人を動かす」のではなく、深い祈りを通じて「宇宙を動かす」ものだということですね。池田会長のスピーチなどのなかによく、「大宇宙を揺り動かさんばかりに祈り抜くんです」といった表現があります。九識が「八識をも包みゆく宇宙生命それ自体」であるなら、それは決して大げさな言い方ではないのですね。

佐藤　そして、「この根本浄識を触発することによって、個人の善悪の業エネルギーは、すべて価値創造へ向かう」という言葉が象徴するように、この章で展開されている池田会長の人間革命論は、仏教の業と輪廻の思想のなかにある〝あきらめの論理〟を、完全に乗り越えていると感じます。

業や宿命といった言葉が孕《はら》むネガティブなイメージが、池田思想によってプラスのイメージに転換され、〝あきらめの論理〟から「宿命転換の論理」に昇華されたのだと思います。

ここでいう宇宙生命云々《うんぬん》の話を読んで、「そんな抽象的なことを言われても、よくわからない」と感じる読者もいらっしゃるかもしれません。確かに抽象的に聞こえるかもしれませんが、それを具体化して感じ取るために創価学会の師弟があるのだと思います。宇宙生命という抽象的なものも、池田会長という人格を通して感じることで具体化されるのです。

学会員の皆さんが、それぞれの立場で現実のなかで苦闘され、「何とかこの壁を突破しよう！」と、池田会長の指導を胸に懸命に唱題され、行動する……その繰り返しのなかで、ふと「宇宙生命に触れる」ような、「宇宙を動かす」ような実感を覚えることもあるのではないでしょうか。結局、この章で展開される生命論・人間革命論も、理屈ではなく実感を通じて理解するしかないのだと思います。

科学的知見の用い方が孕むリスク

佐藤　今回読み解く章は、池田思想を研究するうえでも大変重要ですね。創価学会を考えるための最重要キーワードの一つである「人間革命」「宿命転換」について、深い次元からその教学的根拠が解説されている章だからです。

――そうですね。本書を契機としてあらためて『法華経の智慧』を学んでいるという学会員の読者も多いようですので、この章は特に熟読を勧めたいと思います。

佐藤　私が熟読して思ったことは、創価学会に批判的な勢力には、学会の持つこのような思想的深みはまったく見えていないのだろうな、ということです。彼らには、創価学会の持つ能動性が〝ニヒリズムの能動性〟のように見えているのだと思います。つまり、自分の頭では何も考えていないロボットのような学会員たちが、唯々諾々《いいだくだく》と学会本部の言うことに従っているだけとしか思っていないのです。

――確かに、週刊誌などの学会批判記事の書きぶりには、そういう学会員蔑視《べっし》が感じ取れますね。

佐藤　そう思います。個々の学会員がきちんとした価値観を持ち、自らの信念で自律した行動をとっていることが、彼らにはわからないのでしょう。

日本共産党による創価学会批判はまさに、そういう浅薄《せんぱく》なものです。日本共産党は創価学会の姿勢を単純な「反共」だと捉《とら》えているのでしょうが、それは浅すぎる見方です。以前、本書でも指摘したことがありますが、創価学会、あるいは池田会長の姿勢は単純な「反共」というよりも、むしろ〝克共《こっきょう》〟――つまり、共産主義をすでに克服しているのです。共産主義思想のプラス面、たとえば平等の思想や、人間疎外からの解放などといった面はきちんと吸収したうえで、創価学会のドクトリン（教理）が成り立っている。その点が重要なのだと思います。

――それから、死後の生命を「業のエネルギー」として捉えたこの章では、素粒子《そりゅうし》論などの現代物理学の知見が引用され、科学が仏法の叡智に接近しつつあることが強調されています。その点について佐藤さんはどうお感じですか？

佐藤　池田会長はあくまで比喩、アナロジー（類推《るいすい》）として科学的知見を用いているのだと思います。難解で説明しにくい仏法の教理を、少しでも理解しやすくするための方便でしかない。それをストレートに、「現代の物理学によって仏法の正しさが証明された」というふうに捉えないほうがよいと思います。

なぜなら、科学の知見は今は正しくても、将来「パラダイム・シフト」（科学史家トーマス・クーンが提唱した概念。天動説が地動説に取って代わられたように、それまでの考え方や価値観が一八〇度変わること）が起きてしまえば、一挙に〝古くて間違った知見〟になることもあるからです。あまり自然科学に寄りかかって仏法を説明してばかりいると、パラダイム・シフトによって仏法の智慧までが古びてしまいかねない。

「最先端の科学的知見によって、仏法の普遍性・正しさが立証された」という説明の仕方は、現代人にとってすこぶる魅力的ですが、そういうリスクも伴うことを肝《きも》に銘《めい》じておくべきです。もちろん、池田会長はその点は重々承知のうえで、あくまで比喩として用いていると思います。

――確かに、池田会長は常々〝科学の知見は仏法の全体観に比して、部分観にすぎない〟と言っています。部分観であるからこそ、時代に応じて正しさも移り変わるわけですね。

佐藤　戸田第二代会長が若き日の池田会長を相手に行った個人教授――いわゆる「戸田大学」でも、当時の最新のテキストを用いて、化学・天文学・生命論などの科学万般を学んだといいます。
それは一つには、池田会長が将来海外の識者・指導者と対話するときの土台となる教養を身につけさせるためだったのでしょう。そして、もう一つの意義として、科学の知識を身につけることによって、仏法を広い視座《しざ》から客観的に、アナロジカルに見ることができるようにするためでもあったのだと思います。

――なるほど。『法華経の智慧』でも科学の知見が縦横無尽《じゅうおうむじん》に用いられ、そのことによって仏法に新たな光が当てられています。若き日に「戸田大学」で受けた講義がそうした対話の土台になっているというご指摘は、大変重要だと思います。

佐藤　科学に限ったことではなく、宗教的テキストのなかには比喩・アナロジーがちりばめられているわけで、それを固定的に捉えるべきではないのです。
たとえば、『旧約聖書』にも『新約聖書』にも、「父なる神」という言葉が多数登場します。この「父」という言葉も、聖書成立当時のユダヤ人社会において父が一族を守る存在であったことを踏《ふ》まえた比喩・アナロジーなのです。それを、「父親のこと・男性のこと」として固定的に捉えてしまうと、フェミニズムが台頭してきたときにキリスト教は対応できなくなってしまうわけです。

死後の生命との「インタラクション」

佐藤　それから、この章で、肉体を持たない死後の生命がどのように「感じている」のかが詳しく説明されているくだりを、興味深く読みました。

前回、創価学会が考える「死後の生命」は「宇宙生命に溶け込む」ものなのだという解説を紹介しました。だとしたら、死後の生命には「意識」に相当するものがあるのか？　創価教学による答えは「ない」であるようです。

ただし、自己意識はないとしても、死後の生命も苦しみや喜び、楽しみなどの「実感」はあると、池田会長は語っています。そこでは、戸田第二代会長の次のような言葉が引かれます。

「**大宇宙に溶け込んだおやじや兄弟の生命を見ることができれば、じつに悲鳴をあげているものもあれば、歓喜に満ちているものもいる。形もなければ、色もなければ、生命自身がもつ苦しさ楽しさのために耐えるのが、死後の生命なので、その空観《くうかん》というものがわからなければ、生命論の本質はわからない**」（中巻五〇五ページ）

そのうえで、「**死後の生命が、自分自身の業にしたがって、善悪の『生命感』を受けている**」と、池田会長は言います。そして、死後の「生命感」を感じる主体は、「固定的な実体」ではなく、「**善悪の業に染められた自分自身の生命流そのもの**」（中巻五〇六ページ）だと……。

そして、少しぞっとさせられるのは、「『**生**』**の特徴は能動性にあるが、**『**死**』**の生命は基本的には受動的です。自分で自分の生命実感を変えることはできない**」（中巻五〇七ページ）という一節です。

――前にも紹介した、生命の「基底部」という表現がまた使われていますね。十界互《じっかいご》具《ぐ》だから生命境涯は刻々と変わっていくが、十界のうち、その人の生命の基底を成すメインの境涯があり、それがその人の人生を決定づけるという話です。

佐藤　はい。生きている間はその「基底部」がさまざまな縁《えん》に触れて変わっていきますが、死後の生命では「『基底部』の生命感以外にはなくなってしまう」と説かれています。「**地獄界の基底部をもつ生命は、死とともに、宇宙の地獄界と一体となって、苦悩一色に染められていってしまう。餓鬼界《がきかい》の基底部をもつ生命は、飢餓《きが》感がいっそう募《つの》り、生命をさいなんでいく**」（中巻五〇七ページ）と……。

――それは確かに怖い話です。地獄・餓鬼・畜生《ちくしょう》といった境涯を基底部にしたまま死んだ生命は、次に生まれ変わるまでずっと地獄界のまま、餓鬼界のまま苦しみ続けるということになりますから。

佐藤　池田会長は、「**だから今世**《こんぜ》**で人間革命に励みなさいと言うのです。一生空**《むな》**しく過ごして、万歳悔**《ばんさいく》**いても、もう取り返しがつかない**」（中巻五〇八ページ）と強調されています。自分では生命境涯が変えられない死後の生命になってからでは手遅れだから、能動的に変えられる生きている間に頑張りなさい、と。

ただ、私たち生きている側からの働きかけによって、死者の生命実感を変えていくことはできる、と池田会長は言います。「働きかけ」とは、死者に向けて題目を唱えることです。大乗仏教で説かれる「追善回向《ついぜんえこう》」の原理ですね。

「**こちらが唱える題目は、宇宙生命に冥伏**《みょうぶく》**している生命にも届くのです。戸田先生は『題目の力は偉大である。苦しい業を感じる生命を、あたかも花園に遊ぶがごとき、安らかな夢のごとき状態に変化させるのである**』とおっしゃっている」（中巻五〇八ページ）

――仏法対話で追善回向の原理を教えられて、「死んだ親に何も孝行ができなかったから、親のために題目を唱えたい」という動機で入会を決意する人もいるようです。

佐藤　なるほど。死後の生命とのインタラクション（相互作用）の問題は、東日本大震災の被災地でも、家族を亡くした被災者の方の切実なテーマとしてよく語られましたね。学会員の皆さんは、愛する人を亡くしたときにも、日々の追善回向によって、亡き人とのインタラクションの回路をしっかりと持っておられる。そのことがもたらす安心感は大きいと思います。

10

創価学会の生死観——その核心に迫る

公明党の「試練」をどう見るか?

——『法華経の智慧《ちえ》』をめぐる語らい、ここからは、いよいよ如来寿量品《にょらいじゅりょうほん》の最後の章に入ります。

佐藤　本題に入る前に、まず、公明党を揺るがした遠山清彦氏の衆議院議員辞職問題について、一言述べておきたいと思います。新型コロナウイルス禍《か》の緊急事態宣言下の深夜に東京・銀座のクラブを訪れていたことで批判を浴びて辞職し、次期衆院選での神奈川六区からの立候補補も取りやめになったというものです。

一連の経緯は読者の皆さんもよくご存じでしょうから、詳細は省きますが、この問題は私にとっても人ごとではありません。というのも、私は遠山氏の推薦人の一人であったからです。応援演説で神奈川に赴《おもむ》いたこともあります。

私は簡単に政治家の推薦人にはなりません。推薦人になる場合、その政治家と連帯責任を負うつもりで引き受けるのです。遠山氏についても、公明党の政策はもちろんのこと、本人の人柄に共感を覚えたからこそ、推薦人に名を連ねたのです。

しかし、結果的に遠山氏に期待した人々の信頼を裏切ってしまった。そのことについて、私も推薦人として責任を痛感しています。こうした事態に至る前には、本人の気の緩《ゆる》みを示す兆候《ちょうこう》はきっとあったでしょう。私がそれに気づいて本人に忠告することもできたはずです。それができなかった……言い換えれば私の「心の眼」が十分に開かれていなかったことを反省しています。遠山氏に近い立場の人のなかには、同じように「こうなる前に危険な兆候に気づいて忠告してあげればよかった」と思っている人も少なくないはずです。

——ただ、同様に銀座のクラブに行っていたことで批判を浴びた自民党議員は、離党はしたものの議員辞職はしませんでした。公明党のほうが自浄作用が働いているとも言えます。

佐藤　その点は正当に評価しないといけません。公明党は遠山氏の立候補を取りやめたのみならず、神奈川六区への候補擁立《ようりつ》自体を見送る決定をしました。これは党としては大変な痛手であるはずですが、あえてそれを決断した。それは、自浄能力が正常に作用しているからにほかなりません。

「遠山氏の行動は、議員辞職するほどのことではないのでは?」という声もありました。確かに、支持者との懇談のためにもうけられた席がたまたま銀座の高級クラブであったとのことですから、悪質性は低いとも言えます。ただ、そこに気の緩みと増《ぞう》上慢《じょうまん》があったことは否《いな》めません。

どんなに能力と情熱がある人でも、また過去にどんな功績があっても、政治の世界で「権力の魔性《ましょう》」に触れるうち、増上慢に陥《おちい》ることはあり得ます。そうなったら、今回のような比較的小さな問題ではなく、先々もっと大きな問題を起こす危険性もあった。だから、遠山氏の能力を、今後は政治とは別の世界で生かしてもらおうという決断に至ったのだと思います。その後、遠山氏は貸金業法違反で在宅起訴され、略式裁判で罰金刑が確定しました。

──遠山氏は平和学博士でもあるし、議員になる前は大学教員であったわけですから、その方向に生かすことも考えられますね。

佐藤　そうなんです。あるいはＮＰＯ、ビジネスでも遠山氏はその才能を生かせる人物と思います。そして、そのように「別の世界で能力を生かそう」という発想自体が、創価学会の価値観の反映なのだと思います。日蓮仏法でいう「桜梅桃李《おうばいとうり》」の原理が、その背景にはある。「国会議員だから立場が上だ」などという発想は学会員の皆さんにはなくて、それぞれが自分の持ち場で広宣流布《こうせんるふ》のために力を尽くす役割分担にすぎないという考え方があります。まさに「桜は桜、梅は梅」であり、どちらが上だというものではないのでしょう。遠山氏には新しい環境で自《みずか》らの力を生かしてほしいと思います。

そうした桜梅桃李の原理を皆が心肝《しんかん》に染めているからこそ、「政治の世界で役割を終えたなら、別の世界で力を発揮してもらおう」という発想になるわけです。この問題はそのように捉《とら》えることも大切で、ただ単に「公明党のスキャンダル」と捉えるべきではないと思います。

また、今回の問題は遠山氏個人の問題というより、公明党が今後もずっと戦っていかなければならない、「権力の魔性による増上慢」の問題です。かつて、その増上慢に囚《とら》われ、遠山氏よりもずっと深刻に道を踏《ふ》み外した議員もいたわけです。そのような増上慢の誘惑との戦いに終わりはないことを、今回の事件が示したとも言えます。だからこそ、権力の魔性というものがいかに恐ろしいかを、公明党の人たちに繰り返し繰り返し伝えていく必要があるのです。

この事件を機に、公明党国会議員の「総点検」ともいうべき見直しの動きが、党内に起きてくると思います。そして、その総点検によって、公明党議員の質はこれまで以上に上がっていくはずです。遠山事件はダメージだけをもたらしたのではなく、「ピンチはチャンス」となって公明党の成長にもつながっていくでしょう。

山口那津男《なつお》代表が「今年（二〇二一年）は公明党にとって『攻め』の年だ」と最近よく強調されているように、この事件を後ろ向きに捉えるのではなく成長の糧《かて》と捉えて、「攻め」の姿勢で公明党には進んでほしいと思います。

釈尊の仏法が孕む限界

――さて、それでは本題の『法華経の智慧《ちえ》』の読み解きに入ります。この寿量品の章では、これまで「生と死」についてさまざまな角度から論じられてきました。これから読み解いていただく最後の章（中巻五一一～五四四ページの、「仏界《ぶっかい》の生死――大生命力で「永遠に前へ！」の章）は、それらの論点を踏まえたうえで、いよいよ真正面から日蓮仏法の生死観の核心に迫る内容と言えます。
日蓮仏法、ひいては創価学会の生死観の大きな特徴は、死を生命の変化の一プロセスとして捉えるところにあります。だからこそ、死を忌《い》み嫌うのではなく、〝生をより充実させるための大切な過程〟と考えるのです。

佐藤　わかります。創価学会では成仏《じょうぶつ》や広宣流布についても、固定的ゴールとして捉えるのではなく、成仏へと、広宣流布へと向かう軌道それ自体のなかにこそあると考えますね。そのように、宗教としてのありようがきわめてダイナミックで生成的であり、生死観についてもそれはしかりなのだ、と。

――その特徴的な生死観が、この章にはストレートに表現されています。顕著なのは、寿量品の「如来如実知見《にょらいにょじつちけん》　三界之相《さんがいしそう》　無有生死《むうしょうじ》　若退若出《にゃくたいにゃくしゅつ》　亦無在世《やくむざいせ》」という一節をめぐる語らいの部分です。「如来は、ありのままに三界の実相《じっそう》を知見している。生と死といっても、この三界から退《しりぞ》き去ることも、この三界に出現することもない。また世に在《あ》る者、滅度《めつど》した者という区別も無い」という意味です。

佐藤　これは要するに「『生』もなければ『死』もない」という否定ですね。池田会長はこの一節について、「しかし現実には、『生』もあれば『死』もある。それなのに、どうして、そう説かれているのか」（中巻五二六ページ）と問います。そして、「表面の生と死を超えたところに、目を向けさせようとしている」のだろうと推察したうえで、次のように、釈尊《しゃくそん》の仏法の限界を指摘するのです。

「『南無妙法蓮華経』という宇宙生命に目覚めた後は、『生』も妙法の生、『死』も妙法の死と分かる。ゆえに、もはや『生死が無い』と言う必要はない。

むしろ『生も無ければ死も無い』と言うこと自体が、現実逃避であり、一つの『とらわれ』になってしまう」（中巻五二七ページ）

「釈尊の仏法の場合は、『永遠の大生命』のほうに目を向けさせようとするあまり、

『生死を離れよう』という傾向性を、まだ残しているとも言える。しかし、大聖人の仏法では、その『永遠の大生命』に基づいて、『本有《ほんぬ》の生死』を生き、『生死即涅槃《ねはん》』を実現していくのです」（中巻五二八ページ）

ここはやや難解ですが、この章の肝《きも》ともいうべき部分だと思います。私なりに解釈すれば、釈尊の仏法ではまだ南無妙法蓮華経という宇宙生命の根幹が明かされない段階だから、その法を求めることに傾きがちで、それが現実逃避傾向となって表れる。それに対して、日蓮仏法ではすでに御本尊と南無妙法蓮華経という「法」を持っているがゆえに、まっすぐ現実に目を向けることができる……大要としてはそういうことだと思うのですが、いかがでしょう？

――そう思います。

佐藤　釈尊の時代には、「永遠の生命」は漠然《ばくぜん》とした目に見えないものだったのだと思います。それに対して、現代の創価学会員の皆さんにとっては、「永遠の生命」が御本尊として具現化され、池田会長という師匠の教えとして具現化されている。宇宙生命と一体化するという、ある意味で達人的なことを、日々の勤行《ごんぎょう》・唱題《しょうだい》や、「自分の今の行動は池田先生の教えに照らして正しいか？」を問うことで、日常のなかに具現化できる。そこに学会員の強さの源《みなもと》があるのだと思います。

「生も歓喜、死も歓喜」を体現する人々

佐藤　『法華経の智慧』を通じて創価学会の生死観を学んでいるわけですが、あらためて思うのは、死についてこれほどポジティブな捉え方をする教団もほかにないのではないかということです。

今見たように、法華経のなかにすら、死から目を背《そむ》ける傾向がまだ少し残っている。それに対して、創価学会の生死観においては、まさに死も生の一プロセスであって、ネガティブなものではないわけですね。

それは、池田会長の「生も歓喜、死も歓喜」という言葉そのものだと感じます。「生も歓喜、死も歓喜」という言葉に触れて、それが単なる絵空事、理想論だと思う人もいるでしょう。しかし、決してそうではない。私は創価学会員の皆さんにさまざまな形で接することを通じて、「師である池田会長の『生も歓喜、死も歓喜』の教えを、そのまま体現されているな」と感じることがよくあります。

もちろん、学会員の皆さんも、家族や愛する人を亡くせば悲しいに決まっています。ただし、その悲しみの底に明るさがあるという印象を受けるのです。それは、「永遠の生命」を確信しているがゆえ、また、死後の生命とも題目を通じたインタラクション（相互作用）の回路を有するがゆえの明るさでしょう。

身近な例を挙げます。私は今、自分のオンラインサロンでダンテの『神曲《しんきょく》』の読書会を続けているのですが、その読書会のメンバーのなかに何人か学会員さんがいます。そのうちのお一人が、昨年（二〇二〇年）、ご主人をがんで亡くされたのです。

末期のがんが判明したとき、池田会長にそのことを手紙で報告したら、激励のメッセージと念珠《ねんじゅ》をいただき、それを枕元においてご主人は最後まで闘病され、微笑《ほほえ》むような安らかな表情で死を迎えられたそうです。そして、最愛の夫を喪《うしな》った悲しみを乗り越えて、前向きに生きていくという決意を、彼女は切々と語ってくれました。

その言葉を聞きながら、私は「池田会長の教えは、このように個々の学会員の人生のなかに息づいているのだな」と感動を覚えたのです。同じように、愛する人の死の悲しみを乗り越える過程で、「生も歓喜、死も歓喜」ということや、「生も仏、死も仏」という日蓮大聖人の教え（「上野殿後家尼御返事」の一節「いきて生《いき》ておわしき時は生《しょう》の仏、今は死の仏、生死ともに仏なり」〈新版一八三二ページ・全集一五〇四ページ〉のこと）を肌身で実感している学会員さんが、日本中、世界中にいるわけです。

それは観念論ではなく、生活のなかの実感なのです。そして、池田会長の教えが、学会員の皆さんが死の悲しみや恐怖を乗り越えるための具体的な力になっているということでもあります。

「死の悲しみや恐怖をどう克服するか」ということは、仏教に限らない宗教の大テーマです。しかし、単なる慰《なぐさ》めやあきらめではなく、死の悲しみを乗り越えることを通じて前向きな生きる力を与える宗教は、実は稀《まれ》だと思います。池田会長と学会員の皆さんの「師弟の絆《きずな》」によって、その稀なことが創価学会では日常的に起きているのです。

――創価学会の「友人葬」についても、学会員でない方が初めて参列すると、雰囲気の明るさに驚くことがあるようです。

佐藤　そうですね。死というものが「永訣《えいけつ》」――永遠の別れではなく、ドアを開けて次の部屋に入っていく程度のことに感じられる……そんな感覚が、学会員の皆さんにはあるのではないでしょうか。

ただしそれは、教学的なことを学んだから知識としてそう思えるというよりも、「亡くなった人も自分も、ずっと正しい信心を貫いてきた」という確かな自負《じふ》があってこそ、そう感じられるのだと思います。そこのところを無視して、外部の人間が単に現象面だけを見て友人葬を評価すると、トンチンカンな評価になってしまう気がします。友人葬という現象の背景にある創価学会の価値観、内在的論理をきちんと見ないと、評価を誤ってしまう。

たとえば、「友人葬とは、宗門問題の帰結として生まれた、僧侶否定の新しい葬儀運動である」という評価があります。一見もっともらしいですが、本質からずれていると私は思います。「僧侶否定」は友人葬の本質ではないからです。僧侶否定ではなく、友人葬では学会員全員が僧侶としての役割を果たすからこそ、結果として僧侶という職種の手助けが必要なくなったのです。われわれプロテスタントの根本的教理の一つに「万人祭司《さいし》」がありますが、それを踏まえて言えば、今の学会のあり方は「万人僧侶」なのです。

人類が不老不死に近づく時代に

佐藤　死を前向きに捉えることのもう一つの側面として、この章では〝人は死を意識するからこそ生が輝く〟ということが論じられていますね。それは、ラテン語の名高い警句「メメント・モリ（死を忘れるな）」などを通じて、人類史で繰り返し言われてきたことでもあります。
池田会長は、「臨終只今《りんじゅうただいま》にありと解《さと》って信心を致《いた》して」（新版一七七五ページ・全集一三三七ページ）という「生死一大事血脈抄」の一節を踏まえて、次のように語っています。
「**『死』を意識することが、人生を高めることになる。『死』を自覚することによって、『永遠なるもの』を求め始めるからです。そして、この一瞬一瞬を大切に使おうと決意できる**」（中巻五一五ページ）
「**もし『死』がなかったら、どうなるか。さぞかし人生は間《ま》のびして、退屈なのではないだろうか**」（中巻五一六ページ）
――「八難」という、仏道修行の妨《さまた》げとなる八種の困難が経典に挙げられているのですが、そのうちの一つ「長寿天」は、住む者すべてが不老長寿である架空の世界です。一見パラダイスのように思えてしまいますが、それどころか、「そんな世界にいたら少しも幸せではないし、成仏もできない」と、仏教の叡智《えいち》は見抜いていたのですね。

佐藤　なるほど。今の話と、引用した池田会長の言葉から私が思い出したのは、イスラエルの歴史学者ユヴァル・ノア・ハラリの世界的ベストセラー『ホモ・デウス——テクノロジーとサピエンスの未来』（河出書房新社）のことです。同書のなかでハラリは、遺伝子工学・再生医療・ナノテクノロジーなどの長足《ちょうそく》の進歩によって、これから「人間は不死を目指して真剣に努力する見込みが高い」「死との戦いは今後一世紀間の最重要プロジェクトとなる」と予測しています。『ホモ・デウス』とは「神のヒト」という意味で、不老不死の実現によって人類は神に近づくということが、このタイトルに含意《がんい》されているのです。

しかしハラリは、そのことが人類を幸福にするとは考えていないようです。テクノロジーの力で極限まで寿命を延ばしても、事故や戦争などによって死にうるから、その人たちは「史上最も不安な人々となるだろう」と言うのです。いずれは死ぬと覚悟しているわれわれ以上に、死ぬことが怖くて仕方なくなり、外出すらできなくなるだろう、と……。

――なるほど。「長寿天に住む不老不死の人たちは少しも幸せではない」という話に相通じますね。

佐藤 ハラリはさらに、体が不死になれば、人生に終止符を打つ方法は自殺しかなくなるから、自殺が増えるだろうとも予測しています。こうなるともう、不老不死の実現した世界はディストピア（ユートピアの反対、暗黒郷）です。

四半世紀前に刊行された『法華経の智慧』で、池田会長が不死の世界の退屈さを語った言葉が、最先端のテクノロジーから人類の未来を予測した『ホモ・デウス』と合致しているのは、大変興味深いことです。会長の並外れた慧眼《けいがん》を感じさせます。

私は動物が好きなので動物園に時折行くのですが、二百年以上生きることもあるといわれるゾウガメは、動作がものすごく緩慢《かんまん》です。その様子を見るたび、「寿命があまりに長すぎると、生の密度はすごく薄くなるのかもしれない」と感じるのです

（笑）。「『死』を意識することが、人生を高めることになる」という池田会長の言葉はまったくそのとおりで、やはり死はいきいきと生きるために不可欠なのです。

そんなふうに、生きることの意味をさまざまな角度から考えさせる『法華経の智慧』は、第一級の哲学書でもあるとあらためて思います。

11

生命の根源に迷う現代人への警鐘

生と死に対する「中道」の捉え方

佐藤　前回、ユヴァル・ノア・ハラリの著作『ホモ・デウス』を例に、不老長寿を追い求めるあまり死が怖くてたまらなくなるという、一部現代人の本末転倒な姿を指摘しました。そのように生に過剰《かじょう》な執着を見せる人たちがいる一方で、現代には死をあまりにも軽視している人たちも多いように思います。

――と、おっしゃいますと？

佐藤　たとえば、「セルフ・ネグレクト」（自己放任）と呼ばれる精神病理傾向がありま す。生活環境や栄養状態が極度に悪化していても、改善しようとせず、周囲に助けも求めない状態を指します。

重度のアルコール依存症患者にはその傾向がしばしば見られますし、いわゆる「ゴミ屋敷」や孤立死の原因になっているともいわれます。うつ病などが原因の場合もあるでしょうから一概には言えませんが、大きく捉《とら》えるなら、背景には生命軽視があるように思います。自分の生命すらどうでもよくなってしまうといいますか……。生を軽視するがゆえに死も軽視するという、現代人の病理をそこに感じるのです。

今回学ぶ章で、池田会長は次のように言われています。

「**生死一大事というが、生死ほどの『一大事』は人生にない。この一番の大事に比べれば、あとはすべて小さなことです**」（中巻五一五ページ）

このような感覚が、多くの現代人の心から失われてしまっている気がします。本来は「一番の大事」であるはずなのに、大事にしていない。「現代文明は死から目を背《そむ》けてきた文明だ」とよくいわれますが、死から目を背けてきた果てに、生すらも大事にできなくなってしまったのかもしれません。

――一方にはハラリが紹介している長寿に執着しすぎる富裕層がおり、もう一方には生も死もどうでもよくなってしまった人々がいる……現代人の死に対する感覚は、とかく極端に走りがちですね。

佐藤　そう思います。生と死に執着しすぎることも、過度に軽視することも、どちらも適度なバランスを見失い、極端に偏《かたよ》った姿です。それに対して、仏法は中道を重んじ、極論に陥《おちい》ることを戒《いまし》める教えですから、生と死に対してもバランスのよい中道の捉え方をするのでしょう。創価学会、池田会長の生死観もしかりです。

「命がけの読書」をした池田会長の青春

佐藤　本書では、ここまでの数章を通して、『法華経の智慧《ちえ》』の内容から、池田会長の生死観を学んできたとも言えます。会長の生死観を決定づけた体験は、もちろん一つではないでしょう。長兄の戦死や、師である戸田第二代会長の死から受けた衝撃も大きかったはずです。しかし私は、十代のころに戦時下で青春を送ったことが、何よりも会長の生死観を決定づけたと思うのです。

戦時下には、人々が死を意識する瞬間が、ただでさえ平時より格段に多くなります。特に池田会長の場合、自伝『私の履歴書』（聖教ワイド文庫）にも綴《つづ》られているとおり、少年航空兵に志願した時期もあったくらいです。

すでに三人の息子さんを兵隊に取られていたお父さんに強く反対され、志願を取りやめますが、そのまま志願していたら、時期的に硫黄《いおう》島などに送られていた可能性もあるでしょう。戦争末期の「硫黄島の戦い」で散った日本兵のなかには、十代の少年兵もいたのです。

また、日本への空襲が増えた戦争末期なら、空襲が死の恐怖に直結していたでしょう。池田会長は、人生で最も多感な時期にそうした日々を送りました。しかも、個人的にも肺を患《わずら》い、「三十歳まで生きられないだろう」と言われたほど病弱だったのですから、二重の意味で死が影を落とした青春であったのです。

『若き日の読書』という著作もあるほど、読書三昧《ざんまい》の青春を送った池田会長ですが、その読書はいわば「命がけの読書」だったと私は思うのです。戦争と闘病という、二重の死の影に心を覆《おお》われるなか、生と死について懸命に思索《しさく》しながらページをめくる日々だったのですから。

私自身について考えても、東京拘置所《こうちしょ》で過ごした五百十二日間こそが、人生でいちばん生と死について思索した日々でした。

拘置所は、そこに収容された者にとって、極端に言えば〝息を吸って吐く自由〟しかない場所です。それ以外のことはことごとく規制されて、飴玉《あめだま》だって「カンロ飴」しか買えませんから（笑）。しかも私の場合、両隣に収容されていたのは確定死刑囚でした。三畳の独房ですから、二人は、距離的には私と三メートルくらいしか離れていない場所に暮らしていたわけです。しかし、立場はあまりにも違う。彼らは死刑執行されるまで拘置所から外に出ることはない。そうした特殊な環境に身を置いていると、死について考えざるを得なくなります。それに、刑死は国家に死を強制される出来事ですし、日本では殺人しか死刑になりませんから、両隣の二人は確実に殺人者でもある。二重三重の意味で死について考えさせられました。読書はできたので、さまざまな本を読みつつ、思索を続けた日々でした。

そうした自分の体験を踏《ふ》まえて、池田会長も戦時下の青春のなかで、毎日のように死について考えたに違いないと、私は推察します。

『法華経の智慧』で死について語られる言葉の背景には、戦時下の青春における思索の蓄積があるのだと思います。たとえば、次のような言葉です。

「『いつか頑張ろう』『これが終わったら頑張ろう』と思っているうちに、あっという間に年月は過ぎ去ってしまう。気がついてみると、何ひとつ、生命の財宝を積まないで、死に臨まなければならなくなっている。それが多くの人の人生でしょう。その時

に後悔しても遅いということです。（中略）
いつ死んでもいいように、『今』を生きるしかない。
また永遠から見れば、百年も一瞬です。文字通り、『臨終只今《りんじゅうただいま》にあり』なのです。
戸田先生も『本当は、死ぬときのために信心するんだ』とおっしゃっていた。（中略）
何が確実といって、『死』ほど確実なものはない。だから、今、ただちに、三世《さんぜ》永遠にわたる『心の財《たから》』を積むことです。その一番大事なことを『あと回し』にし、『先送り』して生きている人が人類の大半なのです」（中巻五一四ページ）
こうした言葉は、一語たりとも単なる観念論ではありません。池田会長が戦時下の「命がけの読書」を土台にたどりついた、重く生々しい実感なのです。
今引いた箇所に限りません。たとえば、寿量品《じゅりょうほん》の「方便現涅槃《ほうべんげんねはん》」という一節についての語らいのなかにある、「師匠は自分の死をも、弟子を救う手段とするのです」（中巻五一七ページ）という池田会長の言葉は、戸田会長の晩年の姿を踏まえたものでしょう。
若き日の池田会長が「大阪事件」で大阪府警に出頭する前、戸田会長は池田会長の肩を抱き、「絶対に死ぬな、死んではならんぞ」と力強く激励したといいます。そのときのことを念頭に置かれているのだと思います。

そのように、『法華経の智慧』で開陳《かいちん》される池田会長の生死観は、どれも実体験に裏打ちされているのです。私たちは、そのことを踏まえて読む必要があると思います。

永遠性のなかにある出会いの〝一回性〟

佐藤　この章を読んでいると特に強く感じられるのは、出会いの〝一回性〟を池田会長が繰り返し強調されていることです。たとえば、次のような一節があります。

「『心こそ大切』です。**慢心ではなく、心の底から求道心を燃やしきっていかなければ、仏法は分からない。**何億年、何百億年に一回しか、めぐり会えない御本尊だと思ったなら、一回一回の勤行《ごんぎょう》がどれほど感激に満ち満ちてくることか」（中巻五二二ページ）

「『臨終只今』とは、師匠の臨終が只今と思って、猛然と広宣流布《こうせんるふ》へ戦っていきなさいということです。師匠に見守ってもらって戦えるなんて幸せなことなのです。それが分からない弟子は失格です」（中巻五二三ページ）

この二つに共通するのが、出会いの〝一回性〟の強調です。法華経には生命は永遠であることが説かれ、「在在諸仏土《ざいざいしょぶつど》　常与師倶生《じょうよしぐしょう》」（法華経化城喩品《けじょうゆほん》の一節。「師匠と弟子はあらゆる仏国土にあっていつも一緒に生まれる」ということ）が説かれます。たとえ生命や師弟の絆《きずな》が永遠であっても、御本尊との出合いや師匠との出会いには、かけがえのない〝一回性〟がある。「また会えるから、そのときまでに頑張ろう」というような生ぬるい気持ちでいたら、弟子として失格だと、池田会長はおっしゃっているのです。

出会いの〝一回性〟は、キリスト教においてもしかりです。イエス・キリストが地上にあり、人々に教えを説いたのは一回だけです。絆が永遠であっても、師との邂逅《かいこう》は常に一期一会《いちごいちえ》なのです。

身近な例で言えば、大学の講義なども同じです。私の同志社大学などでの講義も、新型コロナウイルス禍《か》以降はオンラインになり、「Ｚｏｏｍ」などを用いて行っています。そうなると、講義をパソコンで録画することも可能なわけですが、私は学生たちに、「録画してもいいけど、『録画してまた観ればいい』と思っていたら身につかないよ。『この講義を受ける機会は一回きりしかない』と思って聴いたほうがいい」と言っています。

――戸田会長の若き日の池田会長に対する個人講義、いわゆる「戸田大学」においても、戸田会長は受講中にノートやメモを取ることを一切禁じたといいます。「命に刻め！」「生命で感じ取れ！」と。

佐藤　理想を言えば、学生はあらゆる講義にそのような姿勢で臨むべきなのです。そうした峻厳《しゅんげん》な〝一回性〟が、学問の場にはあるべきでしょう。

また、学問に限らず、人との出会いにも本来そのような〝一回性〟があるはずです。お互い、いつ死ぬかわからない以上、「この人と会うのは、これが最初で最後の機会かもしれない」という思いをどこかに持って臨むべきなのです。池田会長は、日本でも世界でも、弟子と会うときにはそのような一期一会の思いで渾身《こんしん》の激励をされると伺《うかが》っています。そのような姿勢の背景にも、戦時中の体験などから生まれた「いつ死んでもいいように、『今』を生きるしかない」という覚悟があるのでしょう。

――この章にも引用されていますが、寿量品には「一心欲見仏《いっしんよっけんぶつ》　不自惜身命《ふじしゃくしんみょう》」という一節があります。これは「一心に仏を見たてまつらんと欲して自《みずか》ら身命を惜しまず」と読み下し、「一途《いちず》に仏にお会いしたいと願って、身命を惜しまず仏道修行に励む」という意味です。池田会長が出会いの〝一回性〟を強調し、あらゆる出会いに全魂を傾けて臨むのも、まさに「一心欲見仏　不自惜身命」の一念からなのでしょうね。

佐藤　そう思います。そのことと対比的に言うならば、チベット仏教において、法王ダライ・ラマは観音菩薩《かんのんぼさつ》の生まれ変わりとされ、死んでも次のダライ・ラマにすぐに転生すると考えられています。現在のダライ・ラマは十四世ですね。日蓮正宗《しょうしゅう》における法主《ほっす》の「血脈相承《けつみゃくそうじょう》」にも、それに近い感覚があります。しかし、そうした捉え方では、師匠との出会いの〝一回性〟が孕《はら》む緊張感は失われてしまう気がします。

「才能ある畜生」になってはいけない

――寿量品の章の最後の小見出し「才能ある畜生《ちくしょう》――現代人への警鐘《けいしょう》」（中巻五四三～五四四ページ）の部分では、有名な「開目抄」の次の一節が引かれます。

「寿量品の仏をしらざる者は父統《ふとう》の邦《くに》に迷える才能ある畜生とかけるなり」（新版九〇ページ・全集二一五ページ）

佐藤　「寿量品の仏を知らない者は、自分の父が治める国であることを知らないで迷っているのであり、才能はあっても畜生である」という意味ですね。

この一節を池田会長は、寿量品の章で論じられてきた、生命の根源に迷っている現代人に対する警鐘として捉えます。

「**さまざまに拝することができるが、自分自身の生命の根源に迷っている現代人への警鐘とも言えるでしょう。この『才能ある畜生』を、『生命の法に目覚めた真の人間』に変えていくのが、寿量品なのです**」（中巻五四四ページ）と。

「才能ある畜生」は非常にインパクトの強い言葉であり、現代人の陥りがちな価値観の転倒を批判するために幅広く応用できると思います。たとえば、科学技術の問題です。現代文明が生み出した知性の精華である科学技術は、いわば〝よく切れるナイフ〟のような存在です。よく切れるナイフは、善用も悪用もできます。それ自体は価値中立的で、善でも悪でもないのです。科学技術もしかり、あらゆる才能もしかりです。

人は何らかの才能に恵まれたなら、それを社会のため、人々の幸福のために善用することが望ましいわけですが、それはたやすいことではありません。そのためには、しっかりとした価値観・倫理観を持ち、自らを律していかないといけないからです。確固たる価値観を持たない場合、人は往々にして「才能ある畜生」と化し、せっかくの才能を私利私欲のためだけに用いたり、社会に悪をなすために用いたりしてしまう。池田会長はそのことへの警鐘を鳴らしているわけです。

たとえば、政治家には幅広い分野の知識と技術――ギリシャ語でいう「テクネー（technē）」が求められます。しかし、政治家としての高いテクネーを持っていたとしても、それだけではまだ〝よく切れるナイフ〟を持っているにすぎません。いわば、政治家としての「必要条件」を備えているだけなのです。そのナイフを善用していくためには高い価値観が必要で、それが「十分条件」となります。テクネーと価値観を兼備してこそ、優れた政治家たり得るのです。

私は、日本の政党で「価値観政党」――つまり党全体として確固たる価値観を有しているのは、公明党と日本共産党くらいだと思っています。自民党などは、種々雑多な価値観の持ち主が集った政党であり、党全体としての価値観は希薄だからです。

日本共産党の幹部、たとえば不破哲三《ふわてつぞう》氏や志位和夫《しいかずお》氏は、きわめて高い政治的テクネーを持っていると思います。何しろ、共産主義の本家本元たる旧ソ連が〝倒産〟したあとにも、先進資本主義国で、国会に議席を持っている数少ない共産党なのですから。その組織をマネジメントし、数十万の党員を結集して維持している手腕は、やはり大したものだと思います。しかし、彼らが依拠《いきょ》している科学的社会主義（マルクス・レーニン主義）という価値観は、私から見れば間違った価値観で、人々を幸福に導く価値観とは到底言えないと思います。

これは手前味噌《みそ》になりますが、私の著書『池田大作研究』の第五章「夕張炭鉱《ゆうばりたんこう》労働組合問題の思想的意味」を読んでいただくと、マルクス・レーニン主義が人類を幸福に導かないと私が考える理由を、理解していただけると思います。

炭労（日本炭鉱労働組合）は共産党というより社会党の強い影響下にあった組織でした。社会党もマルクス・レーニン主義の影響を強く受けた政党でした。それはともかく、組織として全盛期にあった炭労が創価学会を宗教弾圧しようとした「夕張炭労問題」（一九五七年）は、共産主義が孕む限界と危険性を如実《にょじつ》に示した事件であったと思います。それは何かと一言で言えば、抜きがたい生命軽視の傾向であり、そこから生じる〝政治目的の実現のためには、生命に危険を及ぼす手段も正当化される〟というゆがんだ価値観です。

そのことは、政治運動の現場で深刻な問題を引き起こします。ロシア革命を主導したレーニンもトロツキーも、政治テロを否定しませんでした。レーニンの後継者スターリンは、テロと粛清《しゅくせい》による恐怖政治を行いました。日本共産党も、かつて武装闘争路線を取り、暴力的破壊活動を展開しました。それらは皆、共産主義が孕む生命軽視傾向、ゆがんだ価値観が生んだ悲劇と言えます。

日本共産党は、冷戦終結から三十年を経た今も、党綱領にはっきりと社会主義・共産主義革命を目指すと謳《うた》っています。綱領の第五章は「社会主義・共産主義の社会をめざして」と題され、そこには「日本の社会発展の次の段階では、資本主義を乗り越え、社会主義・共産主義の社会への前進をはかる社会主義的変革が、課題となる」などという一節があるのです。

そこから、たとえば公安調査庁のウェブサイトでは、共産党が今も「暴力革命の可能性を否定することなく」、「当庁は、共産党を破壊活動防止法に基づく調査対象団体としています」と明確に書かれています。私は、共産党がそのような政党である限り、そこには価値観の転倒があり、ある意味で「才能ある畜生」にとどまっていると考えます。

一方、公明党が依拠する価値観は、創価学会と同じく「生命尊厳《そんげん》」に尽きます。それは宗教やイデオロギー、文化の違いを超え、人類の幸福のための普遍的価値観になり得ます。公明党の議員たちがその価値観を大切にする限り、また、「権力の魔性《ましょう》」に魅入《みい》られて増上慢《ぞうじょうまん》に陥らない限り、「才能ある畜生」には決してならないのです。

12

生命力の強弱こそが幸不幸を決める

四悪趣と「原罪論」

――最近聞いた話を紹介します。創価学会男子部のメンバーが、先輩を折伏《しゃくぶく》して入会に導きました。その入会したご本人に「入会の決め手となったことは何ですか？」と聞いたところ、「佐藤優さんの『池田大作研究』を読んで疑問が晴れ、納得できたので入会を決意しました」との答えだったそうです。

佐藤　それは大変うれしく、著者冥利《みょうり》に尽きることです。ほかにも、「あの本を読んで入会を決意した人がいる」という話を、二、三伝え聞いています。

――それでは、本題に入りたいと思います。前回までで「如来寿量品《にょらいじゅりょうほん》」の章は一通り読み解いていただいたのですが、一部、積み残してあった箇所があります。連載第四十七回（『希望の源泉・池田思想4』第十一章）で、新型コロナウイルス禍《か》に対応した内容にするため、十界《じっかい》論の地獄・餓鬼《がき》・畜生界《ちくしょうかい》に関する部分を後回しにしたのです。

佐藤　そうでしたね。では、今回はその部分をあらためて取り上げましょうか。

――具体的には、『法華経の智慧《ちえ》』中巻三一一ページからの「幸福の追求――悪と戦った分だけ『境涯《きょうがい》が拡大』」の章、なかでも特に、三二四ページからの地獄・餓鬼・畜生界を論じた部分を取り上げていただきます。

佐藤 いわゆる「三悪道《さんあくどう》」ですね。

――はい。この三つに次の修羅界《しゅらかい》を含めて「四悪趣《しあくしゅ》」と呼びます。

佐藤 四悪趣はいずれも、人間の愚かさと悪を象徴し、苦しみを伴う不幸な境涯ですね。修羅界だけが区別されているのは、地獄・餓鬼・畜生が「貪瞋癡《とんじんち》の三毒」(貪《むさぼ》り、瞋《いか》り、癡《おろ》かという三つの根本的な煩悩《ぼんのう》)に振り回されるだけであるのに対し、修羅界は自分の意思で他者を攻撃するエネルギーを持っているからだと考えられます。

私は四悪趣を、キリスト教の「原罪論《げんざいろん》」とのアナロジー(類推《るいすい》)で理解しています。

――と、おっしゃいますと?

佐藤 キリスト教では、すべての人間が「原罪」を負っていると考えます。その罪が形になると悪になる。欧米のキリスト教文化圏では、世俗化された制度にさえ、原罪論に基づく性悪説原理が埋め込まれています。性悪説に立脚して社会がつくられているのです。

それに対して、仏教には原罪論がありません。そのせいか、日本社会には悪に対する想像力が乏《とぼ》しい面があると、私は感じています。たとえば、サイバー攻撃は災害に乗じて行われることがよくありますが、日本は自然災害が多いにもかかわらず、「災害時にはサイバー攻撃を受けるリスクが高まるから、その対策を練らないといけない」という論調をほとんど目にしません。悪に対する警戒心がなさすぎます。「日本も性悪説に立脚して社会をつくるべきだ」とは言いませんが、真の賢者は、人間が悪をなす危険性も常に念頭に置いて行動するものです。

創価学会にも、キリスト教のような原罪論はありません。ただ、それに代わるものとして、十界論の四悪趣についての深い洞察があるのだと思います。

しかも、法華経で初めて「十界互具《ごぐ》」が説かれたことによって、四悪趣はキリスト教の原罪論にいっそう類似したと言えます。爾前経《にぜんきょう》では十界はそれぞれ固定化した別種の世界・境涯と捉《とら》えられていましたから、六道輪廻《ろくどうりんね》から解脱《げだつ》してしまえば、四悪趣は〝自分とは関係ない話〟になってしまいます。それに対して、十界互具なら、十界は一個の生命にそなわる十種の境涯として捉えられます。だからこそ、四悪趣の悪は誰人の内側にも存在すると捉えるわけです。

十界論は、人間の内なる悪を自覚させて謙虚にさせるとともに、人が悪をなす危険性を念頭に置く行動原理にもなっている。キリスト教で原罪論が果たす役割に近いと私は考えます。

――人は誰も原罪を持っていると考えるキリスト教と、人は誰もが十界のすべてをそなえていると考える法華経。両者は、人間の悪に向ける洞察に通底するものがあるのですね。

「境涯」によって変わる時間感覚

佐藤　そう思います。三悪道は、いずれも深い苦しみの境涯ですね。それがなぜ苦しいのかが、この章では詳しく論じられています。

特に興味深く読んだのは、「生命的時間」という造語を用いて、時間の体感速度が個々人の境涯によって変わると論じたくだりです。そこでは、池田会長が「生命的時間というのは、やさしく言えば、実感としての時間、ということだね」と述べ、対話者たちが次のように話を展開します。

「『地獄界』の境涯とは、歓喜が極小、ゼロの境涯です。生命的空間も〝獄〟に囚《とら》われているように、限りなく小さい。生命的時間は、もどかしいくらい、ゆっくり進みます」

「たしかに、歯が痛い時など、一分が一時間にも感じられますね。（笑い）」

「反対に、仏界《ぶっかい》の歓喜は、汲《く》めども尽きない大きさをもっています。ゆえに生命的時

間は、限りなく短い」

「時間と言っても、境涯によって進む速度が違う。生命的時間は〝相対的〟であるということですね」（中巻三一八ページ）

そのうえで、池田会長が次のように話をまとめています。

「生命流のエネルギーが大きいほど、生命的時間も勢いよく進むのです。次元は違うが、アインシュタイン博士の相対性理論でも、時間は〝相対的〟であるという発見があった。（中略）

その人が〝何界〟にいるかによって、見ている世界が違う。空間も、時間も、生命の受けとめ方がまったく違う」（中巻三一八～三一九ページ）

ここで語られていることは、われわれが日常的に感じている、「楽しい時間はあっという間に過ぎ、苦痛な時間は長く感じる」ということの、十界論的解説と言えます。

時間の流れは平等なようでいて、実は人によって「生命的時間」が変わるという話は、得心《とくしん》がいくものです。個々人の境涯によってのみならず、文明・文化によっても時間の感覚は微妙に違ってくるものなのです。

たとえば、日本には鮮やかな四季があり、日本人は稲作で暮らしを立ててきたので、四季が時間感覚の基本となってきました。四季は、春夏秋冬を繰り返す円環《えんかん》的な時の流れですね。

だからこそ、日本人は年の終わりには自分が新しく生まれ直すような感覚になります。それを私たちは世界共通の感覚と思ってしまいがちですが、意外にそうでもありません。一神教が文明の基礎となっている国々では、時間は円環を描くものではなく、「始まりと終わりがあって、終わりに向かって一直線に進んでいくもの」という感覚になります。

ともあれ、時間感覚はわれわれが思うほど絶対的なものではなく、相対的なのです。

――今のお話に関連して思ったことがあります。池田会長は「一生なんてあっという間で、夢のように過ぎ去ってしまう」とスピーチのなかで触れることがよくあります。それはもちろん、「だからこそ、一日一日を真剣に生きよ」と戒《いまし》める言葉でしょうが、同時に、池田会長にとっての「生命的時間」が、われわれよりもずっと勢いよく過ぎ去っていくことを示しているのかもしれません。

佐藤　おそらくそうなのだと思います。池田会長の生命境涯は、仏界の歓喜が基調となっておられるのでしょうから……。

十界を分かつものは生命力の強弱

――ある評論家が著作に、大要次のように書いていました。〝仏教は「一切衆生悉有仏性《いっさいしゅじょうしつうぶっしょう》」（すべての衆生は仏性を持つ）を説くがゆえに平等思想だと言われるが、自分はそうは思わない。声聞《しょうもん》、縁覚《えんがく》などと、悟《さと》りの度合いによって人を格付けする思想が、平等思想であるはずがないではないか〟と。

佐藤　それは、差別と区別を混同している議論だと思います。悟りの度合いによる区分けは差別とは言えないでしょう。ただし、爾前経においては、「女人《にょにん》は成仏《じょうぶつ》できない」などという形で、現代の視座《しざ》から見れば差別に結びつく面があったのも事実です。それは、十界を固定的に見るがゆえに生まれた、本来の教えをゆがめた差別でした。それに対して、十界互具が説かれる法華経においては、十界は縁《えん》に応じて現れる十種の境涯であり、固定的ではないのですから、差別に結びつくはずもありません。むしろ、池田会長が次のように言われるとおり、法華経の十界論こそ真の平等思想なのです。

「権力者にも餓鬼界、畜生界の人間もいる。庶民の中に菩薩界《ぼさつかい》、仏界の人間がいる。有名大学を出たから優秀なのか。ある人種だから優れているのか。ある階級の人は、初めから劣っているのか。そうではない。しかし、人間をそういう邪見《じゃけん》で見てきたのが、これまでの人類史です。（中略）

仏法の十界論は、あらゆる人を、その『境涯』で見る。だから平等なのです。財産のある人でも、貧しい人でも、今の一瞬が『地獄界』の苦しみにあえいでいれば、同じだからです。そして、あらゆる人の中に『仏界』の可能性を見て、それを開いてい

こういう慈悲が十界論の眼目です」（中巻三一九～三二〇ページ）

そのような平等思想であることを踏《ふ》まえたうえで、では、何が十界を分かつのか。この章では、それを〝生命力の強弱〟という観点から論じています。

たとえば地獄界は、地の底の牢獄に囚われているかのように、苦しみに縛《しば》りつけられて身動きができない境涯です。日蓮大聖人は「観心本尊抄《かんじんのほんぞんしょう》」で「瞋るは地獄」（新版一二七ページ・全集二四一ページ）と言われ、「瞋り（思い通りにいかない自分自身や、苦しみを感じさせる周りの世界に対して抱く、やり場のない恨みの心）」が基調となった境涯が地獄界だと説明されています。「生きていること自体が苦しい」境涯であり、生命力が最も弱まった状態と言えます。

ただし、勘違いしてはいけないのは、ここでいう「生命力」とは、単なる体力や健康度ではないということです。地位や健康や財産に恵まれ、傍目《はため》には何不自由なく見えても、心のなかに地獄の苦しみが渦巻いている人もいます。

この章で地獄界の代表として挙げられているのは、釈尊《しゃくそん》在世の仏敵・提婆達多《だいばだった》です。彼は能力に恵まれ、釈尊教団を分裂させるほどの人心掌握力《しょうあくりょく》もあった。周囲からは何不自由なく見えたことでしょう。しかし内面は、釈尊への嫉妬《しっと》に身を焦《こ》がし続けた地獄の境涯であったのです。

反対に、たとえ病気で寝たきりの状態であったとしても、気高く美しい心を保った人がいます。『法華経の智慧』でも、末期がんでありながら逆に見舞客を励まし続けた学会員のエピソードが紹介されていました。その方は、たとえ病床で死の淵《ふち》にあっても、地獄界どころか菩薩界・仏界の境涯にあったと言えるでしょう。

また、この章でも、獄中《ごくちゅう》にあってさえ人間の尊厳《そんげん》を信じ、民衆を愛し、不屈の信念を貫き通した、牧口初代会長、戸田第二代会長、南アフリカ共和国のネルソン・マンデラ元大統領の例が挙げられています。それがどれほどすごいことであるのか、五百十二日間の拘置所《こうちしょ》生活を経験した私には、身にしみてよくわかります。

要するに、地獄界であるかどうかは、外形的な状況の過酷《かこく》さによって決まるものではない。この章に次のような一節があるとおりです。

「仏法でいう『地獄』とは、与えられた境遇や環境にあるのではなく、むしろ環境に振り回され、支配され、そこから一歩も抜け出ることができない『生命力の弱さ』だ

と思います」「（＝地獄は）『心』の中にあるのです。だからこそ『心』を変える以外に、幸福はないのです」（中巻三三〇～三三一ページ）

――〝幸不幸は、環境で決まらない。自分で決まる。弱さは不幸である。強いことが幸福である〟という趣旨の池田会長の随筆の一節を思い出しました。

佐藤　それは、簡潔にして見事な幸福論だと思います。この章で十界を分かつものとして挙げられている〝生命力の強弱〟を、別の言葉で言い換えるとしたら、生命の自由度であり、主体性の範囲の広さということになるでしょうか。その自由度と主体性の源《みなもと》こそ、池田会長が言われる「強いこと」なのでしょう。そして逆に、不幸をもたらす「弱さ」とは、心の自由さと主体性を見失い、何かに囚われて振り回されてしまう「弱さ」にほかなりません。一見何不自由ない環境にあったとしても、心が何かに囚われて自由度と主体性を失っていたら、それはやはり四悪趣の境涯でしょう。

地獄界が「瞋恚《しんに》」の心にがんじがらめになって身動きがとれない境涯だとしたら、

次の餓鬼界は「貪るは餓鬼」(新版一二七ページ・全集二四一ページ)との言葉どおり、欲望に振り回され、いつも満たされない境涯です。心が欲望に囚われている。また、その次の「畜生界」は、人間らしさを失って本能のままに生きる動物的境涯であり、心が本能に囚われて制御不能な状態と言えます。

四つ目の修羅界は、「勝他《しょうた》の念」(自分と他者を比較し常に他者に勝《まさ》ろうとする心)が特徴として挙げられます。「勝他の念」に囚われ、振り回されている境涯と言えます。そのように、四悪趣はいずれも囚われの境涯であり、心の自由度や主体性とはほど遠い不幸な状態と言えます。

キリスト教徒の私から見ても、法華経における十界互具の十界論は、見事な人間洞察の哲学であり、卓抜《たくばつ》な幸福論にもなっていると感じます。この章に次のような一節があるとおりです。

「釈尊が追求したのは、人間の『幸福』です。万人にとっての『本当の幸福の道』は、どこにあるのか。欲望に身を焼く人生では、人間は幸福になれない。苦行に我が身を痛めつける人生でも幸福になれない。

ージ）

生命を燦然《さんぜん》と輝かせる中道の『道』を求めて、彼は修行したのです」（中巻三一四ページ）

四悪趣はそれぞれ、「欲望に身を焼く人生」となる不幸な境涯と言えます。自《みずか》らを不幸にし、欲望のままに生きることによって周囲の人も不幸に巻き込むからこそ、「悪道」なのです。

また、引用にある「苦行に我が身を痛めつける人生でも幸福になれない」とは、釈尊が六年間にわたってさまざまな苦行を重ねたあと、それが真の悟りには結びつかないと気づき、苦行を捨てたことを踏まえています。

心の自由と主体性を失わせるものは、執着心です。四悪趣はさまざまな欲望に執着して、振り回されるがゆえに主体性を見失った状態ですが、欲望への執着から離れようと苦行を重ねることも、別の形の執着心であり、主体性を見失っている点では同じなのです。釈尊はそれに気づいたからこそ苦行を捨てたのでしょう。

ポストモダンが生命力を弱めた

佐藤　生命力を湧き立たせ、そのことによって心の自由と主体性を保つことが真の幸福への道だという主張がこの章の眼目ですが、私は読みながら、日本の一九八〇年代以降のポストモダン的状況が、人々の生命力を弱めてしまった面があると感じました。

――どういうことでしょう？

佐藤　ポストモダンは、主にフランス現代思想の影響で、日本でも八〇年代以降に大流行した広範な思想運動です。その最大の特徴は、既成の「大きな物語」やイデオロギーを相対化する「価値相対主義」にあります。

作家・田中康夫さんの「岩波文庫を読んだときの感動と、ルイ・ヴィトンのバッグを手にしたときの感動は等価」という言葉が象徴的ですが、「思想やイデオロギーは上で、ファッションなどは下」などという、それ以前の価値観に囚われない人々が、八〇年代以降大量に現れたのです。

私は本来ならポストモダンの流行にもろに影響を受けていたはずの世代ですが、八六年に日本を出て九四年に戻ってきたので、ほとんど影響されませんでした。しかし昨年（二〇二〇年）、ポストモダンの影響を強く受けた知識人である精神科医の香山《かやま》リカさんと対談集（『不条理を生きるチカラ』ビジネス社）を編んで、ポストモダンの功罪について深く語り合ったので、日本社会に与えた影響が初めてきちんと理解できました。ポストモダンの価値相対主義は、功もあるけれど、罪のほうが大きいと感じました。

――その「罪」が、人々の生命力を弱めてしまったということでしょうか。

佐藤　ポストモダンは既成の思想やイデオロギー、宗教をファッションブランドなどと同じ位置に引きずりおろし、価値を相対化してしまいました。

宗教や思想は、古来、人々がこの世の不条理と真正面から向き合う力となってきたものでした。それに対して、ポストモダンには「不条理とは向き合わない」という発想が根本にあります。むしろ、不条理と向き合ってきた思想・宗教・イデオロギーを「どっちもどっち」と冷笑的に眺めるのが日本のポストモダンであり、その影響は大流行から四十年近くがたった今でも、日本社会に色濃く残っています。

昨年来のコロナ禍はいわば〝万人にとっての不条理〟ですが、そのなかにあって、人々が過度にうろたえているように見えます。それは一つには、ポストモダンの悪影響で、不条理と向き合う日本人の力が衰えたせいではないかと思えるのです。

だからこそ、人生の不条理と真正面から向き合い、生命力を湧き立たせることで人々を幸福にしようとする法華経の智慧、ひいては池田思想が、今こそ世に求められているのだと私は考えます。

（以下次巻）

ま行

や行

ら行

な行

は行

た行

さ行

索引

あ行

か行

著者略歴

佐藤優（さとう・まさる）

1960年、東京都生まれ。同志社大学大学院神学研究科修了後、専門職員として外務省に入省。在ロシア日本大使館に勤務し、主任分析官として活躍。2002年、背任と偽計業務妨害容疑で逮捕、起訴され、09年6月執行猶予付有罪確定。13年6月執行猶予満了し、刑の言い渡しが効力を失った。著書に、大宅壮一ノンフィクション賞を受賞した『自壊する帝国』（新潮文庫）、毎日出版文化賞特別賞を受賞した『国家の罠』（新潮文庫）、『宗教改革の物語』（角川ソフィア文庫）、『池田大作研究』（朝日新聞出版）、『創価学会を語る』（松岡幹夫との共著／第三文明社）、『佐藤優の「公明党」論』（第三文明社）など多数。第10回安吾賞、第68回菊池寛賞、第8回梅棹忠夫・山と探検文学賞受賞。

希《き》望《ぼう》の源《げん》泉《せん》・池《いけ》田《だ》思《し》想《そう》――『法《ほ》華《け》経《きょう》の智《ち》慧《え》』を読《よ》む　5

2023年2月28日　初版第1刷発行

著　者　佐藤《さとう》 優《まさる》
発行者　大島光明
発行所　株式会社　第三文明社
東京都新宿区新宿1-23-5　〒160-0022
電話番号　03(5269)7144（営業代表）
03(5269)7145（注文専用）
03(5269)7154（編集代表）
振替口座　00150-3-117823
URL　https://www.daisanbunmei.co.jp/
印刷所　図書印刷株式会社
製本所　牧製本印刷株式会社

©SATO Masaru 2023　Printed in Japan

ISBN 978-4-476-03414-1

落丁・乱丁本はお取り換えいたします。ご面倒ですが、小社営業部宛お送りください。
送料は当方で負担いたします。
法律で認められた場合を除き、本書の無断複写・複製・転載を禁じます。